中央后委在临县

车瑞金 著

山西出版传媒集团　山西人民出版社

图书在版编目（CIP）数据

中央后委在临县 / 车瑞金著. —太原：山西人民出版社，2017.2（2017.8）
ISBN 978－7－203－09875－1

Ⅰ.①中… Ⅱ.①车… Ⅲ.①中国共产党－党史－史料 Ⅳ.①D231

中国版本图书馆 CIP 数据核字（2017）第 026738 号

中央后委在临县

著　　者：车瑞金
责任编辑：何赵云
装帧设计：张镤尹
出 版 者：山西出版传媒集团·山西人民出版社
地　　址：太原市建设南路 21 号
邮　　编：030012
发行营销：0351—4922220　4955996　4956039　4922127（传真）
天猫官网：http：//sxrmcbs.tmall.com　电话：0351—4922159
E — mail：sxskcb@163.com　发行部
　　　　　sxskcb@126.com　总编室
网　　址：www.sxskcb.com
经 销 者：山西出版传媒集团·山西人民出版社
承 印 者：山西出版传媒集团·山西新华印业有限公司
开　　本：720mm×1000mm　1/16
印　　张：14.25
字　　数：140 千字
印　　数：6001－9000 册
版　　次：2017 年 2 月　第 1 版
印　　次：2017 年 8 月　第 2 次印刷
书　　号：ISBN 978－7－203－09875－1
定　　价：38.00 元

如有印装质量问题请与本社联系调换

序 Preface

山西省军区原政治委员 陈德毅

车瑞金同志要我为他所写的《中央后委在临县》写个序，说几句话。

中央后委全称为中共中央后方委员会。1947年3月至1948年3月，中央后委在山西临县驻留一年，主要是统筹中央后方工作，为转战陕北的中央前委和毛泽东提供作战、通信、情报保障，同时组织外事、城工、统战、军需等工作。王震曾说："后委实际就是军委的参谋部，中央的'耳目'。"车瑞金同志的这本书讲述的就是这段历史。

1946年6月，国民党、蒋介石悍然撕毁《双十协定》，全面发动内战。1947年3月，又集结重兵进攻延安。中共中央客观分析战略形势，决定暂时撤离延安。中共中央和中央军委直属机构一分为三：毛泽东、周恩来、任弼时组成中共中央前敌委员会，留在陕北主持中央工作，指挥全国的解放战争；刘少奇、朱德、董必武组成中共中央工作委员会，以刘少奇为书记，前往河北平山县西柏坡，

进行中央委托之工作;叶剑英、杨尚昆率领大部分中共中央和中央军委直属机关人员以及陕甘宁边区后方机关及人员、西北部队后方留守处、医院、家属、幼儿园和军工厂等单位3423人(最多时5500余人),转移山西临县三交镇,统筹中央后方工作。1948年3月,在全国解放战争胜利的捷报声中,中央后委离开临县,转移河北平山县西柏坡。

车瑞金同志出生在吕梁老区,从小就受吕梁革命传统的教育与熏陶,又长期在山西省军区系统工作,对山西军事历史文化有所研究。在省军区机关工作期间,曾主编《山西省军区大事记(1949至1999)》、《山西省国防动员大事记(1996至2006)》。车瑞金同志善于学习、思考和总结,撰写的国防动员和民兵预备役工作方面的论文多次获奖。出版的专著《三晋战事》,讲述了发生在山西境内的古今著名战争,有分析、有点评,展示了山西厚重的军事历史,受到读者好评;出版的文集《途有所悟》、《途有所得》,可读性、启发性、借鉴性都比较强。

《中央后委在临县》,从一个军人的视角,去挖掘、整理、提炼,系统完整、客观真实地反映了中央后委在临县的这段历史,充实了党史、军史,为进一步研究中央后委的历史,提供了思路,积累了资料。车瑞金同志为了写出这本书,进北京查阅资料,赴临县实地走访,阅读了大量有关书籍和史料,下了一番功夫。当然,车瑞金同志不是专门研究党史、军史的,加之中央后委在临县的这段历史,近几年才有研讨,写起来肯定有不少困难,也会有许多不足。但他能去做这件事,就值得肯定与鼓励。正如他自己所说,就算是"抛砖引玉"吧!我想这本书的出版,一定能受到读者的欢迎。希望车瑞金同志虚心接受读者提出的批评意见,不断充实完善,为我党、我军光辉的历史再添新彩!

2016 年 6 月

目录 CONTENTS

- 001　前　言
- 007　撤离延安
- 019　转移晋绥
- 029　建立后委
- 037　安营三交
- 047　运筹双塔
- 055　保障通信
- 065　传送情报
- 075　侦听电信
- 083　交流战法
- 091　组织外事
- 101　筹谋统战
- 111　保护党费
- 119　统筹支前

131	土改纠偏
139	军工制造
147	伟人足迹
161	惜别临县
171	湫河记忆
185	不朽精神
	附：
191	中央后委及所属单位主要工作表
196	中央后委及所属单位驻地分布图
197	中央后委及所属单位住所实景照
216	主要参考书目
220	后记

前言

临县地处山西西部,东屏吕梁腹地,西邻黄河天堑,为晋陕峡谷要冲之一。境内四面环山,峁梁起伏,重峦叠嶂,沟壑纵横。百里湫河,纵贯其中。总面积2979平方公里,总人口65万,是吕梁市第一、山西省第二人口大县。

临县是吕梁较早的革命根据地之一,是晋绥边区的重要组成部分。1926年大革命高潮中,临县的碛口镇、曲峪镇就建立了中共支部。1936年红军东征曾在临县白文镇宣传抗日救国。1937年5月临县正式成立"牺盟会",1937年秋冬成立"动委会"。1940年,日本帝国主义的铁蹄踏进临县,在中国共产党的领导下,临县人民奋战在抗日救亡的最前线,为中华民族的独立解放做出重大贡献。在解放战争时期,临县人民送军粮、做军鞋、

制军服、搞军运，积极参军参战，踊跃支前，是晋绥边区出粮、出钱、出人最多的县。被誉为晋绥边区的模范县，赢得革命老区的光荣称号。

1947年3月13日，胡宗南率国民党军进攻陕甘宁边区，18日，中共中央和中央军委主动撤出延安。3月29日至30日，中共中央在陕北清涧县枣林则沟村召开政治局会议。会议决定：毛泽东、周恩来、任弼时组成中共中央前敌委员会（简称中央前委），留在陕北主持中央工作，指挥全国的解放战争；刘少奇、朱德、董必武组成中共中央工作委员会（简称中央工委），以刘少奇为书记，赴河北平山县西柏坡，进行中央委托之工作。4月11日，中共中央决定：叶剑英、杨尚昆等组成中共中央后方委员会（简称中央后委），以叶剑英为书记，杨尚昆为后方支队司令，率领从延安撤出的中共中央和中央军委直属机关，转移到山西西北部晋绥边区的临县三交镇，统筹中央后方工作。

中央后委包括中央军委作战部及第一、二、三局、总卫生部一部、中央办公厅（与秘书处、机要处合署）、中央社会部与中央情报部、中央宣传部、中央城工部、中央外事组、交际处、法委会、妇委会、中央供给部、中央特会室和中央警卫团一部、新华通讯社以及陕甘宁边区政府后方机关及人员、西北部队后方留守处、医院、家属、幼儿园和军工厂等单位，最初为3423人，以后从国民党统治区撤回的干部陆续到达，最多时人员达5500余人。中央后委的主要任务是：统筹中央后方工作，为转战陕北的中央前委和毛泽东指挥作战服务。具体工作是：开设电台，保障通信联络；传送情报，充当中央"耳目"；统筹支前，组织军需生产、人员中转、物资筹运、公文传递以及指导外事、城工和统战等工作。

1948年1月20日,中共中央决定:中央后委转移河北平山县西柏坡。3月12日,叶剑英带领李涛、李克农及部分工作人员离开三交;3月底,杨尚昆率领中央后委机关最后一批人员离开三交镇前往西柏坡,与中央工委会合。

历史上仅存一年的中央后委所做的一切无不与中华民族的命运息息相关,与全国的解放战争环环相扣,记载着中国革命伟大历史转折不可或缺的一页。老一辈无产阶级革命家留下的足迹,已经成为镌刻在临县人民心中永远的丰碑。

撤离延安

> **撤离延安**

1945年5月,毛泽东在党的"七大"所做的结论中,估计了今后革命斗争中的十七条困难,其中包括敌人打内战,占去几大块,所有县城都丢掉。几个月后,毛泽东在《关于重庆谈判的报告》中说:"我们党的七次代表大会设想过许多困难,我们宁可把困难想得更多一些。""我们要承认困难,分析困难,向困难做斗争。""我们要和全国人民团结起来,共同努力,一定可以排除万难,达到胜利的目的。""七大"召开一年之后,毛泽东设想中的困难果然发生了。

1946年6月26日,国民党不顾全国人民的强烈反对,撕毁《双十协定》,以围攻鄂豫边宣化店为中心的中原解放区为起点,相继在晋南、苏皖边、鲁西南、胶济路及其两侧、冀东、绥东、察南、

延安宝塔山

热河、辽南等地,向解放区展开大规模的进攻。全面内战爆发。

对于国民党、蒋介石的背信弃义,1946年7月20日,中共中央发出《以自卫战争粉碎蒋介石的进攻》的党内指示,明确指出:"只有在自卫战争中彻底粉碎蒋介石的进攻之后,中国人民才能恢复和平。"11月,在国民党破坏政协决议,单独召开"国大",关闭和谈之门,实现国内和平已无可能的情况下,18日,中共中央发出指示,第一次以"人民解放战争"的概念替代前一阶段一直使用的"自卫战争",并号召全党全军团结全体人民,"为粉碎蒋介石进攻,建立民主的中国而奋斗。"21日,在中共中央召开的会议上,毛泽东指出,现在已经不存在打不打的问题,而是胜不胜的问题。会议根据毛泽东提议,决定以"打倒蒋介石"来最终解决国内问题。从此,中共中央、中央军委把"制止战争,恢复国内和平"的自卫战争,逐步转变为"打倒蒋介石"的全国解放战争。

遵照中共中央和中央军委的战略部署和积极防御的战略方针,人民解放军各战略区部队,运用机动灵活的战略战术,积极打击国民党军。1946年6月至1947年2月的8个月作战中,人民解放军经过160余次战役战斗,歼灭国民党军66个旅、共计71万人,收复和新解放的城市87座,国民党军在全国各个战场节节败退。

1947年2月,蒋介石为解决兵力不足问题,放弃全面进攻计划,改以陕北和山东解放区为重点,实行被称为"双矛攻势"的重点进攻,而在其余各战场则转为守势。蒋介石认为,中国共产党在关内有三个主要根据地,即以延安为政治根据地,以沂蒙山区为军事根据地,以胶东为交通供应根据地。因此,对这三个地区,必须"犁庭扫穴、切实攻占"。蒋介石的计划是:首先攻占延安,摧毁中国共产党的党政军指挥中心,以"动摇其军心,瓦解其斗志,削弱其国际地位";其次攻占胶东,切断中国共产党由关外到关内的海陆补给线;然后集中力量攻占沂蒙山区;接着北渡黄河,"肃清"华北的人民解放军;随后,集中兵力转向东北。按照蒋介石的计划,国民党军重点进攻的主要方向之一,就是陕甘宁边区。

1947年2月下旬,蒋介石飞抵西安,亲自部署进攻延安计划。决定以胡宗南部15个旅由宜川、洛川一线向北担任主攻,另以5个旅为第二线兵力随后跟进;以马鸿逵、马步芳部3个

整编师向东,以榆林邓宝珊部1个军向南,以资配合。国民党军以34个旅、25万人的兵力,由南、西、北三面形成对陕甘宁边区的包围。

在延安周边歼击国民党军的是西北人民解放军彭德怀、习仲勋部6个旅2.6万余人,另3个地方旅和1个骑兵师1.6万余人,总兵力不足5万人,敌我兵力悬殊。中共中央客观分析战略形势,决定暂时撤离延安,依靠陕北优越的群众条件和有利地形,采取"蘑菇战术"疲惫消耗敌人,尔后集中绝对优势兵力,在运动中各个歼敌,削弱敌人的有生力量,钳制胡宗南部于西北战场,配合其他解放区作战。

针对蒋介石的战略企图,早在1946年11月,中共中央就开始应对国民党军对陕甘宁边区的进攻。11月11日,刘少奇在延安中央党校干部大会上作了撤离延安的动员,部署了疏散转移行动,宣布了关于成立中央直属纵队的决定。任命杨尚昆为中央直属纵队司令员,邓洁为副司令员,李涛为参谋长,由他们3人负责中共中央和中央军委直属机关的疏散转移工作。

为落实中共中央和中央军委的部署,稳妥而有序地撤离延安,中央直属纵队研究决定:趁敌军尚未对延安展开进攻之际,首先将年高体弱的干部、可不在延安坚持工作的人员和家属、小孩近3000人以及重要的档案物资逐次撤往瓦窑堡,而后东渡黄河,转移山西西北部的晋绥边区;其余必须留延安坚守工作的人员,于敌军开始向陕甘宁边区发动大规模进攻前后,有计划地轻装撤出。中央直属纵队参谋长李涛(时任中央军委作战部部长)还对各部门人员的编组和指挥,骡马车辆的集中与征借,各类物

延安枣园毛泽东旧居

资的转移或坚壁,主要档案物资的押运,人员转移的方向、路线和沿途警戒、设营与防空,紧急工作等问题,做了具体部署。中共中央和中央军委机关随即组织文件清理,主要的机密文件指定专人负责转移、保存,公务性的文件资料当即销毁。中共中央办公厅秘书处、机要处,中共中央组织部、中央军委总政治部等单位的材料,集中向瓦窑堡和晋绥的兴县转移。

为防止敌机轰炸,所有人员和物资的转移,都是按昼伏夜行的方法进行。到1947年3月8日,计划中转移的人员和物资、器材已全部撤出延安,不便转移的笨重物资、器材也坚壁完毕。

1947年3月11日,国民党军的飞机开始轰炸延安。就在这一天,毛泽东召集中共中央领导人开会,研究面对的形势,决定刘少奇、朱德、任弼时、叶剑英等带领一部分机关人员搬到瓦窑堡的王家沟办公,保证在任何情况下中央的神经中枢都能运转

自如。毛泽东、周恩来为了指挥作战方便,从枣园直接搬到王家坪解放军总部,与彭德怀等住在一起。3月12日,天刚亮,从西安、郑州、太原起飞的国民党空军几十架飞机又一次轰炸延安。突然,有几架敌机朝王家坪俯冲过来,三颗燃烧弹落在毛泽东的院子里,只听一声巨响,四周围全被火光烟雾笼罩。警卫人员劝毛泽东撤离,毛泽东站起来走到门口,看了看院子里正在灭火的战士,又看了看天空,说:"你们先到防空洞避一避,我办完公再说。"然后回到桌边,镇定自若的继续工作。这时,有人拿了一块弹片走进毛泽东的办公室,催请毛泽东出发。他说:"主席,你看,这是从院子里捡到的弹片。"毛泽东放下手中的笔,接过余热未散的弹片在手里掂了掂,轻蔑地一笑,说:"嗬,这个很好啊,可以

延安王家坪解放军总部毛泽东旧居

打两把菜刀！"毛泽东自己不走，却关心着其他首长和群众。飞机飞走之后，他对警卫人员说，你们赶紧去，看看群众受到什么损失没有。

1947年3月13日拂晓，胡宗南部15个旅、14万人，分兵两路，同时沿宜川、洛川一线，向延安发起大规模进攻，叫嚣三天内拿下延安。胡宗南部是国民党军的战略总预备队，胡宗南是所谓"黄埔正统"，是蒋介石的"最后的王牌"，靠着打内战颇受蒋介石倚重，成为拥有十几万重兵的"西北王"。阻击胡宗南部进攻的西北人民解放军利用梢林隘路和纵深工事展开英勇抗击。

3月16日，天还有些余寒，毛泽东穿着大衣，戴着帽子，在他住的窑洞里聚精会神地批阅文件。中午，正当毛泽东同彭德怀、周恩来说话时，两颗炸弹在门前不远处同时爆炸，门窗玻璃全被震碎，强烈的气浪冲进窑洞。但是毛泽东仍然稳坐在办公桌旁，他用手在身上轻轻一弹，拂去灰尘，笑着对大家说："他们的风不行，连我一个人也吹不动。我们的风起来就不得了，要将他们连根拔呢！"

3月18日，延安城里已听到清晰的枪炮声，而且离毛泽东居住的王家坪越来越近了，大家又劝毛泽东早些走，他说："走这么早干什么，我还想在这里看看敌人究竟是个什么样子？"毛泽东和周恩来、王震等人一直谈话到黄昏，并一起吃了在延安的最后一顿晚餐，这才命令彭德怀将阻击部队撤出阵地，并和周恩来、彭德怀一起查看了王家坪的几孔窑洞，叮嘱道："把房子打扫一下，文件不能丢失。"这才依依不舍地告别了居住10年的延安。

彭德怀在他的《彭德怀自述》中讲述了这段经历:3月17日,毛泽东已由枣园搬来王家坪住。毛泽东对我说,这次搬出延安时,要把房屋打扫得干干净净,家具一点也不要破坏。18日黄昏,主席离开延安,我们悄悄地送到飞机场,敌迫近离城约7里处,也就是教导旅的最后掩护阵地。主席经飞机场、桥儿沟、拐峁向青化砭前进时,沿途都可听到延河南岸敌之枪声。在主席离开王家坪后,我即到西北局、联防司令部、杨家岭等地检查。房屋都按主席吩咐打扫得很干净,家具也摆好了。我军撤出延安是最有秩序的,这也证明了毛泽东思想教育下的人民军队是何等镇静、何等可佩啊!

毛泽东主动撤离延安,唱的是一出"空城计"。他说:"我军打仗,不在一城一地的得失,而在于消灭敌人的有生力量。存人失地,人地皆存;存地失人,人地皆失。""胡宗南要来延安,那就请他来嘛。延安就是这样几孔窑洞,还是我们自己出力气打的,他也搬不走;要是他破坏了,那样也好,我们将来盖大楼。人民永远是我们的,我们怕什么! 不只是延安,东北、华北,还有别的解放区必要时我们都会让一点地方给他们,让他们多背上几个包袱。他背不动了还是得给我们放下。只要我们好好打几个大胜仗,不只延安要回到我们手里,西安、武汉、南京、上海、北平也会回到我们手里。全中国都是人民的,都要回到人民手里。"

多么英明的预见啊!就在毛泽东离开延安的一年零一个月,延安又回到人民的怀抱;三年后全中国回到了人民手里。

国民党军进攻延安态势图

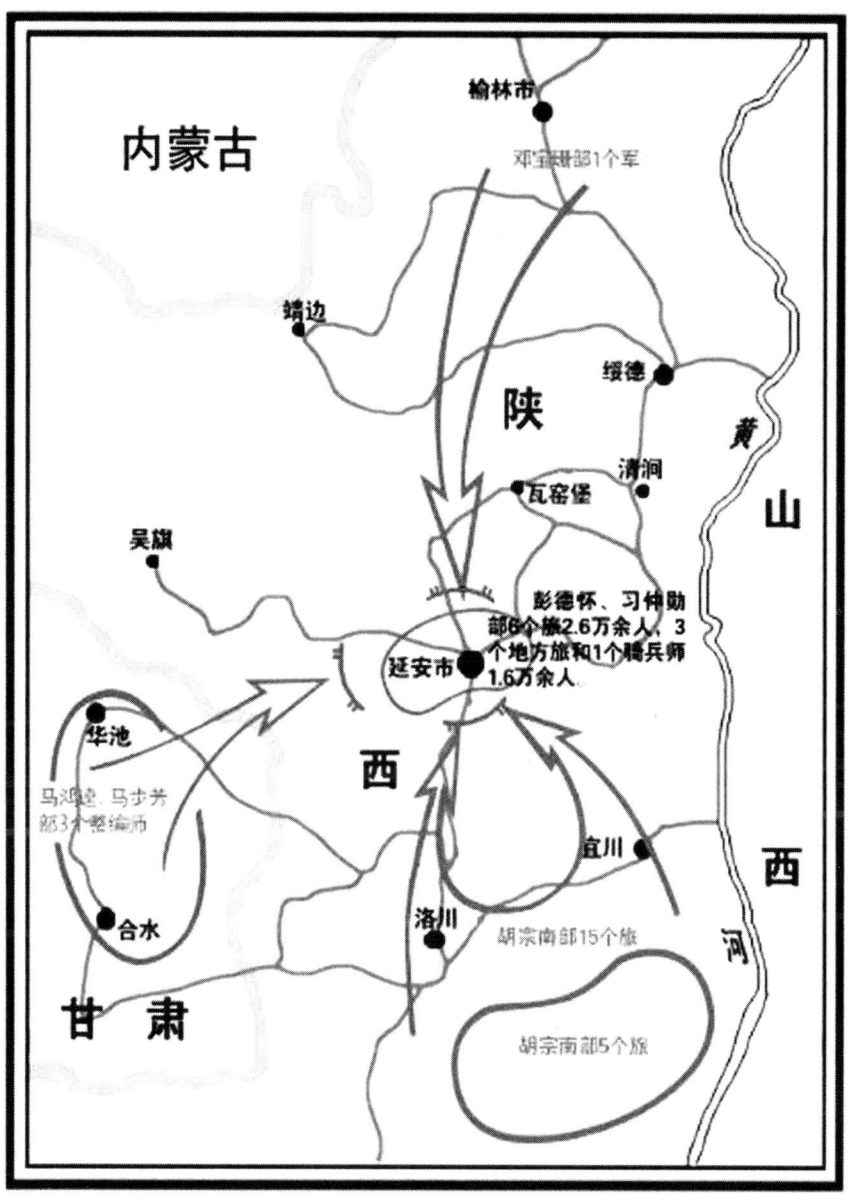

转移晋绥

> **转移晋绥**

胡宗南部大举进犯延安之时,中共中央决定撤出延安,组成以杨尚昆为司令员、邓洁为副司令员、李涛为参谋长的中央直属纵队,负责疏散转移。转移方向就是由延安到瓦窑堡(延安北部子长县古镇,为红军长征落脚点和红军东征出发点,著名的"瓦窑堡会议"即在此召开,有"革命中心"、"中共中央机关所在地"、"红都"之美誉),而后由瓦窑堡转移到晋绥边区。

晋绥边区又称晋绥革命根据地,由晋西北、晋西南、绥远省大青山(今属内蒙古自治区)三大块组成。抗日战争爆发后,八路军开赴山西抗日战场,与中共地方组织、山西新军部队和统一战线组织"战动总会"、"牺盟会"等一起,分别创建了晋西北抗日根据地和晋西南抗日根据地,又从晋西北挺进绥远,同中共地方组

兴县蔡家崖晋绥边区政府暨晋绥军区司令部

织、当地抗日革命武装汇合,开辟了大青山抗日游击根据地。1939年12月,阎锡山掀起了反共高潮,制造了震惊中外的"十二月事变"。"十二月事变"被粉碎后,晋西北结束了双重政权的局面,正式建立了中国共产党领导的抗日民主政权;晋西南转入地下隐蔽斗争;大青山地区则在反顽斗争胜利后正式建立了抗日民主政权。随后,三块相对独立的地区统一为大战略区——晋绥革命根据地。1940年1月,晋西北行政公署成立(后改为晋绥边区行政公署)。1940年6月晋西北军区成立(后改为晋绥军区)。1942年10月中共中央晋绥分局成立。中共晋绥分局、晋绥边区政府和晋绥军区司令部暨一二〇师师部驻扎在晋西北的兴县蔡家崖,晋绥党政军主要领导人贺龙、关向应、林枫、续范亭、周士第、李井泉、牛荫冠等同志长期生活和战斗在这里。晋西北成为晋绥边区的核心区。

晋绥边区西临黄河，与陕甘宁边区隔河相望；东至同蒲铁路，与晋察冀、晋冀鲁豫革命根据地相接；南达山西最南端的风陵渡；北迄祖国北疆的百灵庙、乌兰花一带，与蒙古国接壤。不难看出，晋绥边区的战略地位是十分重要而特殊的。抗日战争时期，它是阻击日军西进，保卫陕甘宁边区、保卫中共中央的坚固屏障，是党中央联系华北、华中、华南各敌后抗日根据地的交通要道，又是延安与莫斯科联系的国际交通线的必经地带。同时，晋绥边区与晋察冀、晋冀鲁豫等抗日根据地彼此联系，互相策应，成为支持华北敌后抗战的坚强堡垒。

抗日战争胜利后，晋绥边区通过土地改革，彻底废除了封建剥削制度，广大贫苦农民真正实现了"耕者有其田"；通过整党，纯洁了党组织，扭转了过去存在的不良作风，提高和增强了党的战斗力和凝聚力；通过纠"左"，巩固了土改、整党取得的成绩，极大地调动了广大人民群众生产、参军、支前的积极性。解放战争时期，晋绥边区已经成为延安的可靠后方和支援全国解放战争的战略基地。

1947年3月4日，中共中央致电晋绥军区司令员贺龙：在延安受威胁时，中央军委直属各部门即将有一部分人员及物资（约三千人），拟向晋绥迁移，请你们帮助解决下列问题：（一）指定驻地。（二）负责河东岸运输（约需牲口二千头）。（三）各单位人员过河后一切伙食、粮草开支均由你们处按你们的制度供给……。3月底，周恩来到河东会见贺龙。周恩来对贺龙说，中央来河东的人员、单位一大堆，还有许多老同志、妇女和孩子，事情很麻烦，一切要依靠你来安排。贺龙

说,你放心,我亲自负责,保证他们的吃住和安全。周恩来含笑点头。他回到陕北以后,向毛泽东汇报说,中央机关到河东以后,安全是没有问题的。

可见,中共中央和中央军委直属机关从延安撤离后,疏散转移的首选地就是晋绥边区。

1947年3月,黄土高原的西北风虽然有些寒意,却早已失去了冬日的凉飕。黄河融化的冰水,冲破严寒的禁锢,浩浩荡荡一泻千里;陕晋两岸的山头上,露出了一层朦胧而鲜嫩的绿色。陕西吴堡县黄河军渡、川口及佳县渡口,聚集了从延安撤出来的机关、部队及家属,大家互相搀扶着登上船舷,起航驶向东岸。

已到达东岸的一位中年军人,正盎然伫立在一块巨石上,默默遥望着陕北的群山和渡河的人流,只见他英俊的脸庞上透着坚毅的表情,一套灰色棉军装干净整洁,腰间手枪外套上插着五粒黄澄澄的子弹,显得虎将雄风,气魄非凡,他就是中央军委总参谋长叶剑英。这时他遵照中共中央和中央军委的指示,正指挥着从延安撤出的中共中央和中央军委直属机关人员渡河转移。

此前,晋绥军区司令员贺龙已派独五旅到临县、柳林沿黄河一线掩护叶剑英渡河。晋绥军区参谋长陈漫远亲赴渡口,迎接叶剑英,协助安排渡船和渡河人员的运输、食宿事宜。

为防止敌机侦察、轰炸,转移部队都是分散行动。白天隐蔽在山坳沟岔休息,晚上分多路急行军。在困难面前,大家同仇敌忾,有的互相帮助抢运器材、装备,有的见驮马滑到河沟,就跳进冰冷的河水抢救物资和马匹。尽管敌机不时来轰炸、骚扰,但渡

转移部队东渡黄河

河部队依然井然有序,在船工们低沉的号子声中依次往返于陕晋两岸。

杨尚昆在回忆录中讲述了这段经历:3月中旬,我离开延安到瓦窑堡,见到先期到达的任弼时同志。他有点焦急,因为得知负责往晋绥兴县转移文件的曾三带的队伍失去了联系,所以一见到我就说:"你赶快到黄河边去指挥,不然一堆人渡河就乱套了!前面归你统一指挥。"我要了一辆小吉普当晚赶到黄河。我在河东、河西来回穿梭,把疏散的人员、物资运送过河,把河东的安置情况报告弼时同志。那时,我还没有空到后来中央后委的驻地——山西临县三交镇,等叶剑英带着王家坪的同志到了三交镇,大家才慢慢地集中到三交镇。

转移部队进入晋绥边区后,是继续前行还是留驻三交,经历

了一个过程。中共中央原来决定中共中央和中央军委直属机关除少数人留在陕北毛泽东身边外,大部分转移到晋绥边区的临县三交镇。但是,胡宗南进占延安后,周围的"绿头苍蝇"从四面八方都叮上来了。为了加强陕甘宁的兵力,中央军委从晋绥军区抽调3个旅过河支援陕北,晋绥边区的军事力量因此有所减弱。中央军委判断"数月内贺(贺龙)、李(李井泉)处局面将较紧",所以在3月25日致电叶剑英、杨尚昆,指示他们将已经到达晋绥边区的大部分中共中央和军委直属机关人员转移至五台去,以减轻晋绥边区的负担,留下的也不要过于集中,必要时可以转移到太行去,"以免在傅(傅作义)、阎(阎锡山)两敌进攻晋西北时受损"。

接到这个电报后,叶剑英、杨尚昆立即行动,编好了行军序列,第一批前梯队已从三交到达兴县。但叶剑英、杨尚昆思想上对转移到五台是有保留的。3月29日,周恩来过河来到三交帮助处理大队人马的转移安置,他发现叶剑英、杨尚昆有想法,不赞成远去五台,就让他们敞开谈谈意见。杨尚昆说:这一大摊子人马走到哪里都是麻烦,从晋西北到晋察冀有好几百里路程,中途还会遇到阎锡山的部队;更重要的是,中央和军委机关走远了,留在陕北的中央和毛主席的后勤保障还得另外组织,我们建议还是不要走远好。周恩来听后觉得有道理,就发电报给中共中央和毛泽东,汇报了叶剑英、杨尚昆的想法,建议还是留在晋绥好。4月11日,叶剑英、杨尚昆接到中共中央的电报指示:中共中央和中央军委机关"原地不动,准备将来仍与中央会合"。这样,中央后委就明确留在了晋绥边区的临县三交镇。

中央机关转移晋绥行军路线图

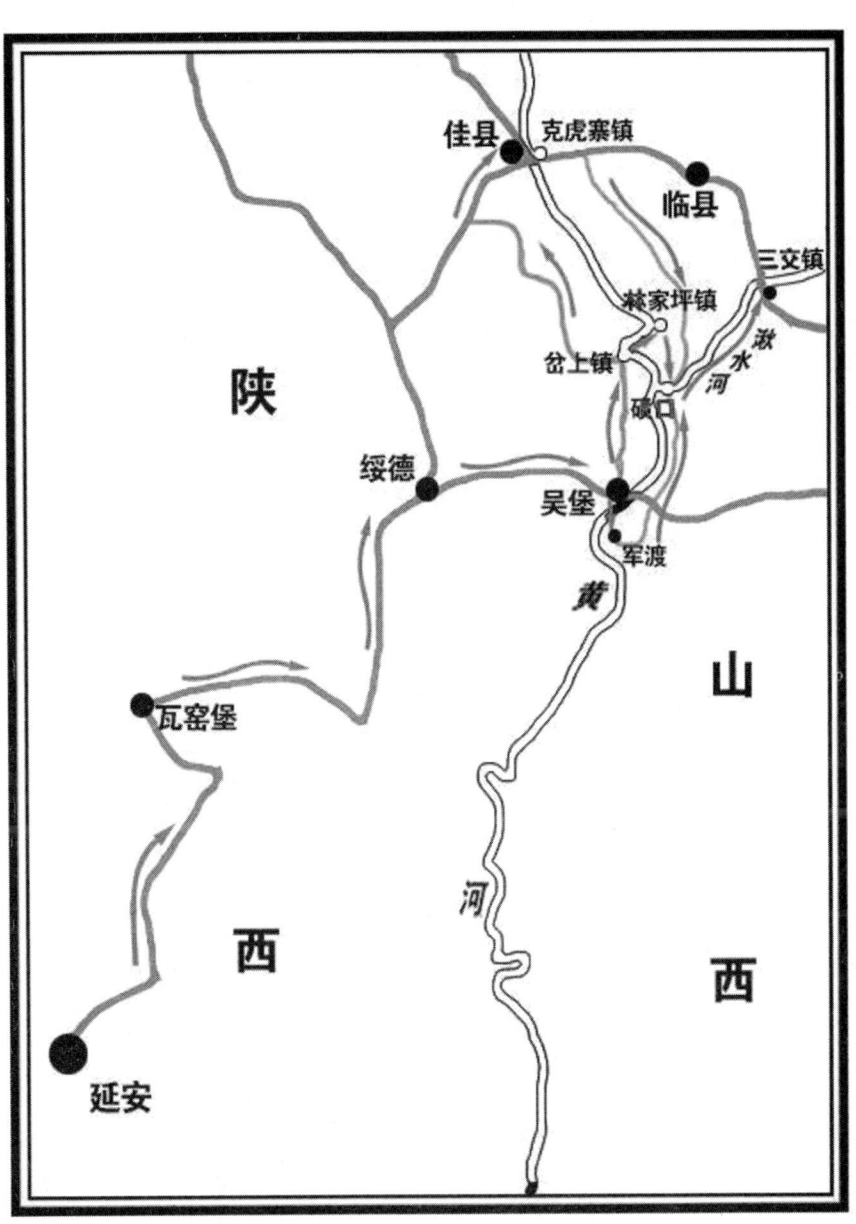

建立后委

建立后委

中共中央和毛泽东撤离延安后，转战于陕北的山坳间，运筹于老乡的窑洞中，决胜于全国的各战场。3月25日，西北野战军在青化砭首战告捷，歼灭胡宗南部第30旅；4月14日，在羊马河歼敌第135旅；5月4日，蟠龙大捷，又使胡宗南部受到重创。为了配合西北作战，3月28日，毛泽东命陈赓、谢富治率主力4个旅发起晋南战役，威胁胡宗南部侧后；4月2日，又命晋察冀军区提早发起正太战役，牵制傅作义部。与此同时，毛泽东命刘邓大军挺进大别山，大举出击，经略中原；陈粟兵团留在鲁西南，牵制蒋介石15个整编师41个旅。毛泽东用兵如神，下了几步妙"棋"，就打乱了蒋介石的如意算盘，打击了胡宗南进攻延安的嚣张气焰，逐步稳定了陕甘宁边区的局面。

1947年3月29日,在青化砭首战告捷的第四天,在陈谢兵团发起晋南战役的第二天,中共中央在陕北清涧县枣林则沟村召开了政治局会议。这次会议是中共中央高层领导人在转战行军过程中召开的一次"专题性"会议,即研究决定中央领导机构和中央领导人,如何适应撤出延安后的环境和如何分工问题。

陕西省清涧县枣林则沟会议旧址

会议由毛泽东在他住的窑洞里主持召开,从29日晚一直开到30日。会议讨论很激烈,甚至是争论。大部分领导主张毛泽东不留陕北,因为这里太危险。但毛泽东坚决主张中央仍留在陕北,他本人也一定留在陕北。他坚持说:"我不能走、党中央最好也不走,我留在陕北拖住胡宗南,别的地方能好好地打仗"。他形象地比喻:中央好比一块招引绿头苍蝇的肉,放到哪里,都会引来许多苍蝇来叮,可以把人家搞乱。陕北群众条件好,地形好,我们熟悉,可以在这里搞一个战略上的作战方向,牵制敌人的力量。经过反复讨论,会议决定:毛泽东、周恩来、任弼时组成中央前敌委员会,率中央机关和人民解放军总部坚持在陕甘宁边区,主持中央工作,指挥全国的解放战争。由刘少奇、朱德、董必武组成中央工作委员会,以刘少奇为书记,率一部分中共中央和中央军委机关人员转移到晋西北或其他适当地点,进行中央委托之工作。

枣林则沟会议后,留在陕北的中央前委按军事编制编成中央支队,代号"昆仑纵队",称为"三支队"(后又改称九支队、亚洲部等),由任弼时任司令员、代号史林,陆定一任政治委员,代号郑位。毛泽东的代号李德胜,取离开延安一定取得胜利之意;周恩来的代号胡必成,浙江口音"胡"和"务"读音一样,取革命事业务必成功之意。中央支队下设4个大队:由中央军委第一局一部组成作战组,编成第1大队,负责承办作战指挥业务;由中央社会部(情报部)和中央军委第二局一部组成第2大队,负责情报和保卫工作;由中央军委第三局一部组成第3大队,担负通信联络保障任务;由新华通讯社一部组成第4大队,负责新闻宣传等舆论工作。

1947年4月2日,刘少奇、朱德东渡黄河路经三交镇,向贺龙、董必武、叶剑英、杨尚昆传达了3月29日中共中央枣林则沟会议精神。

1947年4月11日,叶剑英、杨尚昆收到中共中央《关于中央工作机构分为三部分及其人员分配的通知》的电报:根据目前战争形势,与上月中央仍留陕北另组中央工作委员会去华北之决定,为求中央领导工作便利起见,现在晋西北的中央工作机构应分为三部分,一部分回到陕北,一部分去太行,一部分暂留原

沟壑纵横的黄土高原

地不动,准备将来仍与中央会合。三方面之分配如下:(一)中央除现有工作人员外,决定再从晋西北抽调一局大部、二局一组、中央机关五人及警卫第二连一个排,统由李涛(后因李涛途中翻车骨折,改为第一局局长童陆生——作者注)率领,趁米绥(米脂至绥德——作者注)公路未断时,经碛口、绥北、四十里铺至双湖峪区,转来中央工作。(二)中央工作委员会现由刘少奇、朱德、董必武3人为常委,刘少奇为书记……。(三)中央及军委大部工作机构,暂留晋西北,组织以叶剑英为书记,杨尚昆为后方支队司令的后方委员会,李维汉、邓颖超参加为委员。上述各项,统由叶剑英、杨尚昆负责传达并实施。4月15日,叶剑英、杨尚昆、董必武致电中共中央和刘少奇、朱德,报告关于执行4月11日电报指示情况,并请示:"留三交地区约2500人(先定三交为中心,以15里为限,各机关配置均编周全)。留三交人员三五天可进入新驻地,开始布置工作。同日,中共中央复电:后方机构在取得贺龙、李井泉同意移住临县东南地区后,望即恢复工作。18日,中共中央又复电:同意各项布置,李涛即留后方休养并参加后方委员会。中情部如李克农主持,亦应参加后委会。根据中共中央的电报指示,中央后委增补李涛、李克农为委员。以后中央后委又有所调整扩大,叶剑英、杨尚昆、李维汉、李克农、邓颖超5人为常委,李涛、戴镜元、王诤、帅孟奇为委员,叶剑英仍为书记,杨尚昆兼任秘书长。

中央后委包括中央军委作战部及第一、二、三局、总卫生部一部、中央办公厅(与秘书处、机要处合署)、中央社会部与中央情报部、中央宣传部、中央城工部、中央外事组、交际处、法委会、妇委会、中央供给部、中央特会室和中央警卫团一部、新华通讯社以及陕甘宁边区政府后方机关及人员、西北部队后方留守处、医院、家属、幼儿园和军工厂等单位,最初为3423人,以后从国民党统治区撤回的干部陆续到达,最多时人员达5500余人。

中央后委的成立时间为1947年4月11日。但在一些文章中有成立于"枣林则沟会议"前(1947年3月29日)的提法,其理由是撤离延安后,中共中央和中央军委直属机关和老弱妇孺均转移至晋绥边区。3月20日,中共中央命令叶剑英到山西临县三交镇安排后方工作。3月25日、26日中共中央又为转移问题作了两次电报指示,并派周恩来前来晋绥,帮助贺龙、叶剑英、杨尚昆处理这项工作。因而可以看出,由叶剑英、杨尚昆负责的中央后委应在枣林则沟会议之前成立并开展工作。

按照以上推论,是否在3月24日中共中央派周恩来到三交镇安排后方工作之时,或者比这更早,后方委员会就成立了。然

而那时候,连中共中央留不留在陕北、中央领导人全留还是部分留、谁留谁走,这样一些重大问题都还没有解决,是不可能先成立一个中央后方委员会的。3月28日,中共中央在王家坪、任家山决定留陕北不走,毛泽东、周恩来、朱德、刘少奇、任弼时5位书记都要求留在陕北前线。周恩来启程去晋绥以后,毛泽东等人仍继续讨论走与不走、谁留谁走问题,最终在枣林则沟会议上做出决定:"组织工委,去临县与董必武、叶剑英会合";"嗣后即由毛泽东、周恩来、任弼时3人主持中央。"由此看出,中央工委当时的目的地是晋绥边区的临县。中央工委到达后,在晋绥边区的中共中央和中央军委的工作,自然应由中央工委统一领导。因此,毛泽东、任弼时在催请周恩来尽早回河西时特别嘱咐:"河东事由刘、朱、董、叶处理。"可见,3月底直到4月9日中央后委还没有成立。4月9日,中共中央向各战略区发出的重要通知中,宣布了中共中央"继续留在陕甘宁边区"和"组织中央工作委员会"等决定,仍没有讲到成立中央后委之事。

4月10日,周恩来由晋绥回到陕北,同毛泽东、任弼时会合。根据周恩来汇报,中共中央再次研究决定转移到晋绥边区的中共中央和中央军委直属机关分为三部分。这个决定中,正式提出以叶剑英为书记,杨尚昆为后方支队司令,组成后方委员会,统筹中央后方工作。

综上所述可以看出,中央后委是在周恩来由晋绥返回陕北,中共中央决定转移到晋绥边区的中央机构分为三部分时才正式成立。成立时间应以中共中央1947年4月11日发出的电报为准。

安营三交

> 安营三交

三交镇全貌

1947年4月11日，中共中央电令叶剑英、杨尚昆组成后方委员会。4月18日，叶剑英、杨尚昆致电中共中央：……关于暂留晋绥人员约计2500人（尚未统计清楚）。前拟进驻临县东南，后以三交附近窑洞亦多，且接近碛口，西渡黄河较近，万一要河西运粮来供给，则运输也较近，乃决定以三交为中心，取15里为半径，配置在圆周以内。电话线可减少，煤亦便利（只有些地点缺水），目前正陆续进驻中。中共中央复电：同意各项部署。至此，中央后委正式确定留驻三交镇。

三交镇属临县第二大镇，在县城南20公里处，地处临离（临县至离石）、三碛（三交至碛口）、三曲（三交至曲峪）公路的交汇处，最大的河流——湫水河纵贯全镇，交通发达，信息畅通，为"商贾往来，必出其途"之地。三交镇历史悠久，北周时为窟胡、定胡、乌突三县交界之处而故名。三交镇1941年就已经解放，人民群众觉悟高，对中国共产党和人民解放军有深厚感情。

中央后委定居三交镇后，中央后委机关驻三交镇双塔村。中央后委5位常委，叶剑英住在双塔村村民薛三秋院，杨尚昆住在双塔村村民刘保兴院。两处院落都是砖石旋成的窑洞式四合院，院子不大，院内树荫婆娑，环境幽静，窑脑畔上设一哨所，可观察到村周围和湫水河对岸的公路。李维汉住在三交镇义圪垛村，李克农住在三交镇刘王沟村，邓颖超住在三交镇双塔村。中央法律问题研究委员会的吴玉章、谢觉哉、王明、陈瑾昆等住在临泉镇后甘泉村，贺龙和陕甘宁晋绥联防军司令部住在林家坪镇沙垣村，习仲勋和中共中央西北局住在林家坪镇南圪垛村，林伯渠和陕甘宁边区政府后方机关及人员住在碛口镇高家坪村，晋绥军

双塔村叶剑英旧居

区副司令员续范亭(疗伤养病)住在临泉镇都督村。

驻三交镇双塔村的单位还有：中央办公厅(秘书处)。中央军委作战部,部长李涛,主要协助叶剑英、杨尚昆主持中央军委的日常参谋业务工作,为转战陕北的中共中央、中央军委指挥全军作战服务。中央军委第一局,局长童陆生(随毛泽东转战陕北,第一局工作由李涛负责)。第一局主要是承办作战业务,起草作战文电,传达命令指示,担负着上情下达、下情上传的重要任务。中央外事组,叶剑英兼任外事组主任,王炳南为副主任,马德海为顾问。有工作人员20余人,分为三个处,编译处,处长徐大年;研究处,处长柯柏年;新闻处,处长董越千。中央特别会计室,主任赖祖烈,主要掌管中共中央特别经费的收支和珍贵财物。

其他单位分散居住在以三交为中心,方圆15里半径的湫水河两岸9个乡镇、50个村庄。三交镇:泉王村、杜家圪垯村、胡公村驻中央军委第二局;孙家沟村驻中央军委第三局、中央机要处;崔家坪村驻中央交际处;武家沟村驻中央宣传部、妇委会;东

双塔村杨尚昆旧居

王家沟村驻中央后委发电站；中庄村驻军工九厂；枣洼沟村驻洛杉矶幼儿园；薛家坪村、任家坪村驻中央供给部；义圪垛村驻中央青年党校；刘王沟村驻中央社会部与中央情报部；胡公村、西街村驻中央军委后勤部及其家属；曹家峁村驻中央机关及其家属；正坡村驻中央后委部队；泉王村、西王家沟村驻中央城工部；西坡村驻中央军委总卫生部、保育院。碛口镇：高家坪村驻陕甘宁边区政府后方机关及其人员、纺织厂；白家塔村驻中央和平医院；冯家会村驻被服厂；寨则山村驻中央领导及其家属；寨则坪村驻军工十厂；樊家沟村驻兵工修理厂、纺织厂；西湾村驻纺织二厂；尧昌里村驻被服厂；刘家岭村驻中央保育学校；索达干村驻皮革厂，垣上村驻毛巾厂。安业乡：青塘村驻西北野战医院、中央后委人员及其家属。大禹乡：歧道村驻中央警卫团。林家坪镇：薛家圪台村驻军工四厂；郝家塔村驻肥皂厂；南圪垛村驻中共中央西北局、西北部队后方留守处；沙垣村驻陕甘宁晋绥联防军司令部；林家坪村驻晋绥工业部；张家沟村、光明村驻军工二厂。招贤镇：水源村驻军工七厂。临泉镇：都督村驻印钞所、第二旅纺织厂；后甘泉村驻中央法律问题研究委员会；后月镜村驻新华通讯社。白文镇：郝家坡村为土改试点；南庄村驻中央土改工作队。青凉寺乡：梁家会村驻中央医院；下白塔村驻中央医院第一医疗所；寺沟村（民乐村）驻中央医院第二医疗所；青凉寺村驻中央医院第三医疗所。

中央后委建立并留驻三交镇后，初期人员应是3423人。但有的资料中讲到最初人员为"3200余人"。经查阅相关资料，当时转移晋绥的中共中央和中央军委直属机关的人员有个变化的

碛口镇西湾村军工纺织基地

过程。1947年3月4日,中共中央给贺龙的电报中讲:在延安受威胁时,中央军委直属各部门即将有一部分人员(约计三千人)及物资,拟向晋绥转移。4月4日,朱德、刘少奇给毛泽东、周恩来、任弼时的电报中讲到:中央和军委直属机关共5500人,除700人留黄河以西外,决定留1000余人在晋西北去五台工作,3800人经五台去太行工作。《杨尚昆年谱》中记载:4月11日,我和叶剑英率领中央和军委直属机关4800人抵山西临县三交镇一带。4月15日,叶剑英、杨尚昆致电中共中央和朱德、刘少奇:"留三交地区2500人。"4月18日又致电中共中央,留晋绥人员预计2500人(尚未统计清楚)。杨尚昆在回忆录中讲到,留在晋西北的中央和军委的人员有3000人。从以上电文资料中可见,转移三交的人员一直在变化,但没有出现"3200余人"的数字。

1947年5月11日，叶剑英、杨尚昆致电中共中央，报告关于中央后委的供给办法，其中讲道：中直现留晋绥人员查实共3423人，从5月1日起实行供给。从这份电文中可以确定，中央后委初期留驻临县三交的人员应为3423人。理由：一是电文中明确讲到"查实共3423人"；二是从3月中旬至4月底，转移临县的人员有走有留，但到5月初已基本稳定，留驻人员已经明确；三是这个人数是为保障供给而统计的，也是中央后委最后向中央报告的数字；四是中央后委留驻临县后，人员编制统计应该十分准确，而不是大概。

运筹双塔

运筹双塔

三交镇双塔村全貌

双塔村,三交镇的第二大行政村。该村坐落在湫水河Z形转弯处淤积成的一块土地上,背山面水,村东有平畴百亩,村西有一条小沟,山道盘旋达山巅,易守难攻。村周枣树成林,浓荫蔽日;村中重墙夹巷、街区纵横、四通八达,特殊的地理位置,使这里成为历史的选择。双塔村因中央后委机关驻扎于此而闻名,又因叶剑英、杨尚昆居住于此而成为指挥中心。1962年,临县人民委员会公布双塔村毛泽东路居处为县级文物保护单位;1990年,临县人民政府补充公布中央后委机关驻地双塔村为县级文物保护单位;2009年,中共山西省委、省人民政府命名中央后委驻地双塔村为"爱国主义教育基地"。双塔村中央后委纪念馆也在筹建中,他将向后人讲述发生在这里的一段光荣历史。

叶剑英、杨尚昆率中央后委进驻双塔村后,抓的第一件事就是整顿组织。叶剑英明确要求:中央机关合并后,要加强集中领

叶剑英在双塔村驻地作报告

导,各机关的任务,按组织关系落实;要加强组织纪律性,纠正某些散漫现象;要充实业务人员,减少杂务人员。各机关只开展补助性、供给性的生产,使工作人员集中精力从事工作。为此,中央后委成立了机关党务委员会,李涛为书记;各直属单位建立了党支部、党小组,强化党的统一领导。同时,设立行政管理处,统一管理中央后委直属机关的供给、卫生、教育、行政各事项工作。

同时,开展了思想教育。针对一部分干部从延安撤出后,因听不到党中央的消息,不知道战局的发展,思想波动,情绪忧虑的问题,叶剑英专门作报告,告诉大家毛主席很好,中央的领导同志都很好,他们仍然转战陕北。胡宗南虽然进了延安,但他们背上了包袱,我军在延安附近连续打了胜仗。他鼓励大家要有艰苦奋斗的精神准备,要有胜利的信心,使大家消除了自延安撤出以来笼罩在心头的沉闷情绪,受到了很大的鼓舞。针对中央后委机关中存在的"照例工作,缺乏创新",不少部门存在"官僚主义"等问题,开展"查思想、查阶级、查作风"和"评干部、评党员、评斗志"教育活动,提高干部的政治觉悟和战斗积极性。

为了保证中央前委指挥作战的不间断,中央后委重点抓了通信联络和情报工作。叶剑英认为:在国民党大举进攻的严峻形势下,通信保障工作面临着严峻的考验。搞不好,不但会出现通信中断现象,影响作战指挥,延误战机,而且电报有被截密的危险,电台有被摧毁的危险。通信失密,就要付出血的代价,甚至招致战役战斗失败。主要电台被打掉,而又没有辅助电信网络就会使我军作战指挥系统陷于瘫痪,后果不堪设想。为防止这几种严重情况的出现,中央后委认真研究了非常形势下如何健全全军

正在修缮的双塔村杨尚昆旧居

战略通信网络、确保通信安全,如何加强通信保密和提高通信时效等问题。并针对中共中央和中央军委机构一分为三的特殊情况,采取措施,健全了原有的战略通信网,在中央工委、中央后委住地建立了固定通信中心,组成了3个互相连接的全军战略通信网络,使移动中的陕北中央前委总台有了中继手段和依托。

叶剑英对情报侦搜工作非常重视,他指示情报部门"要充分利用电台集中和驻地固定的有利条件,为中央做好情报工作。"明确要求:情报工作的方针,应以抓战略侦察为主。要加强对国民党中央重要的军事部门、特务系统和各大战区的侦察,注意侦搜战略性的情报。他还多次深入情报部门驻地了解情况,指导工作。一次,叶剑英到技侦情报部门驻地检查工作,发现有些电台架设方向不对,便对第二局局长戴镜元说:电台这样架设不利于对敌斗争。戴镜元很快同工作人员进行研究,立即对电台作了重新调整。以后,叶剑英又指示戴镜元通知各大野战军的情报分支机构,要把所得的情报每3天或者5天向总部汇报一次,以便总部全面的加以综合整编,上报中共中央和中央军委。

在叶剑英、杨尚昆领导下,作战部门夜以继日的搜集敌情、我情及友情(民主党派、民主人士、地方势力、国民党内的进步人士以及国际友好人士),加以分析研究,及时报告中央前委和毛泽东,并向各中央局、野战军通报。专管敌军的,凡国民党军每天驻扎在哪里,向哪里调动,军官的出身、经历、指挥能力、部队的人数、武器装备、战斗力如何等都了如指掌;专管我军的也一样这样做,在每一次战役战斗后,都要及时精确统计我方和敌方的损失和补充的数字,一问就能对答如流。

叶剑英、杨尚昆在抓好作战、通信和情报工作的同时,还用很大精力关注中央机关的工作。根据中共中央的指示,叶剑英、杨尚昆将中央军委延安外事组改组为中共中央外事组,叶剑英亲自兼任外事组主任,领导外事人员编译国外新闻,研究宣传党的对外政策,并为将来开展外交工作准备材料。同时,还指导开展了城市工运和统一战线工作。1947年12月下旬,针对晋绥边区土改出现"左"的偏向,叶剑英、杨尚昆组织召开座谈会,了解情况、研究问题,并亲自到农村进行实地调查。叶剑英还主持召开了临县土改纠偏会议,对临县及晋绥边区在土改中出现的极"左"问题进行了纠正。杨尚昆针对中央后委机关一些同志受土

改极"左"做法的影响,也要开"搬石头"的会、要揪斗成分不好的干部的倾向,严肃的给予批评和纠正。

在叶剑英、杨尚昆的领导下,中央后委保持了团结稳定和高效运转,为中央前委、中央工委提供了有力保障。正如王震回忆所说:"那时,毛泽东、周恩来、任弼时在陕北打圈圈,彭老总带我们在前边打仗,叶剑英在山西三交的窑洞里默默无闻地担负着中央后委的工作。不只是管后方保障,更多的是做参谋部工作。每天,我们军队的行动,敌人兵团的运动,双方态势的变化,都及时掌握,并向统帅部通报。那时,后委实际就是军委的参谋部,中央的'耳目'。""毛主席在陕北之所以能料事如神,指挥若定,中央后委起了重要的作用"。

保障通信

> **保障通信**

毛泽东、周恩来、任弼时率领中央前委转战陕北时,因经常行军转移,身边携带的电台数量很少,功率较小,中共中央、中央军委对全国各中央局、各战区的指挥通信要靠中央后委接力支援。因此,保障通信联络是中央后委转移三交后的重要任务。

通信,是指在不同的时间和空间范围内消息的传递和交接的过程,是军队实施指挥的基本手段。在战争年代,我军通信的主要手段是有线通信和无线通信。有线通信就是座机电话,只能短距离联络。中央后委要提供的通信联络保障,主要是指无线电通信。负责无线电通信联络保障工作的是中央军委第三局及局长兼政治委员王诤。

王诤,1909年5月出生,江苏武进县人,1930年参加工农红

王诤在孙家沟村驻地为通信人员授课

军,1934年加入中国共产党。曾任中央军委无线电总队长,第三局局长兼政治委员,作战部副部长等职。新中国成立后,历任中央军委通信部部长兼国家邮电部副部长,通信兵部主任兼军事电子科学研究院院长,国防部第五研究院副院长、副总参谋长兼总参谋部第四部部长等职。王诤是人民军队通信工作的奠基人,第一个广播电台的创立者,新中国电子工业的开拓者。被毛泽东誉为"我国通讯事业的开山鼻祖"。1955年被授予中将军衔。

在中共中央和中央军委分为三部分行动以后，原在延安90%的无线电台转移到临县三交镇。对此，中央军委对通信联络保障作了安排部署：在中央后委所在地临县，以足够数量的大功率电台建立固定通信基地；在中央工委所在地河北平山县建立辅助的固定通信基地；在中央前委配备移动小电台。负责通信工作的中央军委第三局也相应地分为三部分：一部分带小功率电台，随中央前委和毛泽东在陕北行动，负责中央对各战场的作战指挥通信保障；一部分在中央工委驻地河北平山县西柏坡组建通信中心，保障中央工委对中央前委、中央后委以及下属各单位的通信联络；第三局本部及中央军委通信总台在三交开设固定的集中发信台、收信台，负责同各大战略区、各中央局战略台、中共党台和中共地下党秘密电台的通信联络工作，并负责收发新闻和为中央前委电台转报。

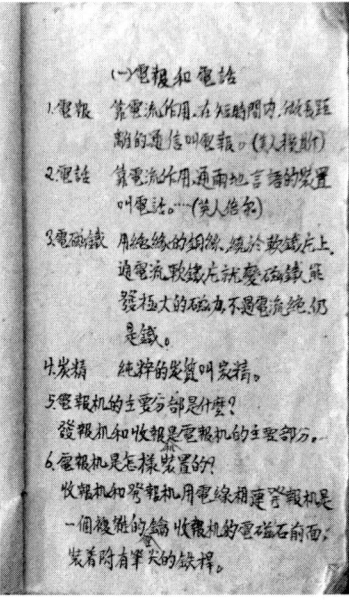

通信人员使用的笔记本

转移三交镇后,第三局和中央机要处驻扎在孙家沟村。该村四面环山,树木成林,一条小河蜿蜒穿过村落,使整个村子显得幽静而灵动。在村子的中央,一院接一院的明清时期修建的民宅依山而立,村里人称之为"十三院"。"十三院"原为王氏宅院,土改后成为村民住宅区。"十三院"环环相扣,既浑然一体,又独立成院,从正门进去可望到"十三院"中的任何一院。每个院落都为砖石结构、明柱厦檐、高阁台式四合院,正面、东西两面为窑洞,南面为瓦房,东南角为大门。每院正面的窑脑上都有二层窑洞。更为称奇的是,每孔窑洞的后窑掌都有暗门通向一条走廊,走廊又将每孔窑洞串了起来,走廊的一头通向院外后山,据村里的老人讲,这是当时院主人为了防匪逃生用的。"十三院"虽经岁月的侵蚀呈现破败之象,但仍能从古朴中感受到当年的繁荣。第三局和中央机要处就在"十三院"里安营扎寨。

孙家沟村"十三院"全貌

由于受环境和条件限制，第三局在开设电台中遇到了一系列的困难。没有电源，缺乏技术力量，还有一些电台设备坚壁在延安，组装和维修缺少零部件。加上转移过程中，侦察电台暂时停止工作，而此时敌人电台又更换了密码，给跟踪侦察和密码破译工作带来了困难。面对这种情况，叶剑英、杨尚昆发动大家想办法、出点子，采取一切措施恢复电台通信联络。挑选有战斗经验的同志返回延安，在敌人眼皮子底下取回了坚壁起来的器材；修复废旧的马达，解决了电源问题；为了弥补人手不足问题，采取开办电训班培养新人和以老带新、以岗带训等办法，并动员部分病休的同志做些力所能及的工作。经过大家日夜奋战，到4月下旬，已在三交镇的山沟里建立起8个通信电台，同全国各根据地、各战略区以及国民党统治区秘密电台建立起了联络。中央后委立即向中央前委和毛泽东报告："28日可以全部通报。"

中央后委的电台开通后，中共中央于1947年5月11日致电中央局、中央分局和军区负责人：中央急需恢复和加强与各地联络，除自带几个小电台与少数地区联络外，现已在叶剑英、杨尚昆领导下，在后方建立中央大台，负责收转中央与各地来往电报，联络方法如下：(一)叶剑英、杨尚昆后委台联络中央、朱德、刘少奇、董必武、安子文、晋绥、晋察冀前后方、晋冀鲁豫前后方、东北前后方、华东前后方、冀热辽分局、中原局等14家(朱德、刘少奇、晋绥台仍与中央台直接联络)，除为中央情报部、社会部、城工部、二局、三局中后机做直接之业务联系外，主要为中央与各地转报。(二)中央与分局以下，及东满、西满、南满等暂停联络，如有电时可经所属中央局转达。(三)东北局、华东局、邯郸

孙家沟村中央军委第三局旧址("十三院"其中一院)

局、晋察冀中央局、中原局应该常保持与朱德、刘少奇和中央后委电台联系。(四)批定等级要严格,注意紧缩电文;注意分清使用密本;收发译电力求细心正确。(五)电台机要技术上的规定由三局中后机分别规定通知。以上规定自5月17日开始实行。5月15日,任弼时又致电叶剑英、杨尚昆:请中央后方电台将转报转发的电报每日造一报表告中央,以便检查。为使紧急电报来往迅速,刘邓、陈粟、聂萧、罗林四个主要前线台与中央仍保持经常联络,但在中央行动时,全由转报台负责转收。

根据中共中央和中央军委的部署要求,中央工委、中央后委固定通信总台除与中共中央总台随时保持联络外,分别与各战略区、野战军、中央局电台建立了定时联络。中央后委、中央工委的联络对象各有20家左右。这样,就形成了一个以中央军委总台为龙头,以中央后委总台为枢纽、以中央工委和中央后委两个固定通信中心为依托的前轻后重、梯次配置、安全可靠的全军战略通信网络。在异常艰苦的条件下,保证了中央军委对全军的不间断指挥,保证了情报的沟通,也为中共中央对中央局和地下党组织提供了可靠的通信保障。

为了规范通信工作,确保通信畅通、快速和机密安全,中央后委根据中央的指示,针对特殊情况下的通信保障要求,制定下发了《关于电台保密的指示》《关于电报等级的规定》《关于改善中央与各地通信联络的决定》。这些规定和措施办法,对加强全军通信建设,保障作战指挥和机密安全起到了十分重要的作用。

1947年7月21日至23日,中共中央在陕北的靖边县小河村召开军事会议,研究部署人民解放军全国范围内转入战略进攻问题。为了使中央军委的战略部署及时传达下去,周恩来要求中央后委通信人员"昼夜执勤,精心操作"。对此,中央后委设置专门电台负责联络刘邓、陈粟、陈谢三路大军。7月23日,中央后委大台发出中央军委致三路大军急电,对挺进中原部队作了具体部署;7月29日发出中央军委特急电,部署三路大军的具体作战方略。7月30日在收到刘邓南下决心的电报后,毛泽东立即拟稿复电,详细安排了直出大别山注意事项。由于中央后委总台全时值守,与三路大军电台的联系及时畅通,保证了中共中央和中央军委指令的迅速、准确、不间断下达和下情的及时接收。

毛泽东对这一时期的通信联络工作十分满意,他说:解放战争胜利后要给王诤颁发一枚最大的奖章。

传送情报

> 传送情报

在临县三交镇一个叫刘王沟的小山村里，住着一支神秘的部队。村里的老人回忆说，这支队伍人不多，很少出门，住的小院里拉着很多电线，经常传出"滴滴答答"的声音。这支神秘的部队，正是李克农领导的中央社会部与中央情报部。他们在这封闭的小山村里，充当着中央"耳目"，利用秘密电台指挥着全国各地的情报人员，昼夜不停地侦搜敌人的军事、政治、经济等情报，在这里汇总、分析、研判后，传送到中央前委和毛泽东，使得在陕北山沟里频繁转移、与外界隔绝的中央前委和毛泽东，仍能了解敌情，正确决策。

中央社会部与中央情报部是中共中央的情报保卫机构，两部合署办公，中央社会部负责保卫工作，中央情报部负责情报

工作。

1939年2月8日,中共中央做出《关于成立社会部》的决定,负责领导全党及根据地和敌区的保卫工作和情报工作,康生任部长。1941年3月,李克农回到延安,任中央社会部副部长。1941年9月,中共中央决定成立中央情报部,社会部部长康生兼任情报部部长,社会部副部长李克农兼任情报部副部长。1947年3月,康生离开陕北到晋绥边区搞土改,中央社会部与中央情报部的工作由李克农负责。

李克农,1899年9月生,安徽芜湖人,1926年加入中国共产党。李克农是我党我军情报工作的卓越领导人,他提出的一整套情报工作的方针、政策、方法,确立了情报工作的体系,在了解敌情,保卫自己,解放全国的斗争中发挥了巨大作用,做出了卓越贡献。新中国成立后,历任中共中央情报委员会书记,中央军委情报部部长,外交部副部长,中央军委总情报部部长,副总参谋长,中共中央调查部部长等职。1955年被授予上将军衔。

中国共产党的情报保卫机构,可以说是被蒋介石、国民党杀出来的。1927年4月,蒋介石发动政变,大肆屠杀共产党人。中国共产党从血的教训中得出:没有自己的武装,就没有生存权。"八七会议"上,毛泽东说出一句惊世骇俗的话:"枪杆子里面出政权"。也就是从那时起,伴随着"八一"南昌起义的枪声,中国共产党有了自己的情报保卫组织。从最初的"特务工作处"、"中央特科"、"国家政治保卫局"、"中央联络局"、"中央特别工作委员会",到中央社会部、中央情报部,情报保卫机构日臻健全完善,情报人员遍布国民党统治区的各个角落和国民党重要决策机构

刘王沟村李克农和情报机关旧居

以及军队指挥中枢。到解放战争时期,中国共产党的情报保卫工作建立了强大的队伍,积累了丰富的经验,打下了雄厚的基础,成为情报工作最成熟、最成功的时期。这一时期,从战略情报到战术情报,从军事情报到政治情报,从全局情报到局部情报,党中央、毛泽东要什么,情报部门就能提供什么,中国共产党的战时情报工作,到了炉火纯青、臻于艺术的境界。

中央社会部与中央情报部所住的刘王沟村,四面环山,山高沟深,一条羊肠小道通往山外,十分隐蔽,应对防空有特殊的地理优势,是情报指挥系统理想的工作场所。李克农和情报机关住在刘王沟村一座砖石结构的四合院内。该院位于村东的半山腰,坐北向南,院内正面有3孔窑洞,东西两面各有2孔窑洞,南面门厅两侧各有瓦房2间,院的后山有一处情报分析室。

中央后委驻扎三交后,情报部门的首要任务,就是为中央前委和毛泽东提供胡宗南进攻陕甘宁边区的情报。李克农在刘王沟村的窑洞里,指挥西安情报站的情工人员,时刻侦察着胡宗南在陕北的动向。其中早先打入胡宗南部、担任胡宗南侍从副官和机要秘书的中共地下党员熊向晖发挥了重要作用。

熊向晖,1919年生于武汉,祖籍安徽。17岁进入清华大学读书,具有爱国热忱。1936年12月在清华大学加入中国共产党。1937年冬,根据党组织的指示打入胡宗南的身边,成为中共西安情报组织的重要力量。新中国成立后,长期在外交部工作,曾任外交部新闻司副司长,总参谋部第二部副部长,中共中央调查部副部长。毛泽东曾称赞熊向晖"一个人可以顶几个师"。

从1946年10月起,熊向晖就陆续报告胡宗南准备进攻延安的情况。10月5日报告:胡宗南命令其驻陕甘宁边区周围封锁线的部队,立即调查封锁线至陕北的大小道路,秘密架设洛川

无线电收信机

至延安的电话线,赶修咸阳至洛川的公路,均限于11月10日前完成。还报告:胡宗南部主力整编第1师、整编第90师,已由山西调回宜川至洛川线。这些情报为中共中央坚守还是撤离延安的决策提供了重要依据。

1947年2、3月间,熊向晖又陆续报告:胡飞南京,请示攻延;胡部主力整编第1军之整编第1师、整编第90师、整编第27师一部、整编第29军全部,共15个旅,已部署完毕,将在洛川设指挥部。3月8日,熊向晖发来特急电:胡部将以整编第1军、整编第29军,从宜川、洛川两路同时于14日向延安进攻。

西安情报组织和熊向晖及时准确地报告了胡宗南进攻延安的动向、具体作战意图、进攻路线、兵力部署等,使中共中央和西北野战军对胡宗南部的行动了如指掌。西北野战军先对胡宗南调集的几路部队进行阻击,使整编第29军刘戡部,从陇东开往洛川途中遭突击受损;整编第48旅旅长何奇在西花池阵亡;整编第1军从山西开往宜川途中,其整编第90师师长严明在河津遭伏翻车折断左腿。

1947年7月5日,蒋介石急召胡宗南到南京,当面命令"收复陕北事小,俘中共首脑事大,如能俘中共首脑,放弃延安亦值得,望努力为之,以创立国之功"。李克农对此非常担心中央前委和毛泽东的安全。他从中央警卫团抽调1个骑兵连和3个步兵连组成精干的警卫部队,保卫中央前委和毛泽东的安全;又派中央社会部与中央情报部主管领导汪东兴、罗青长随中央前委行动,分别负责保卫和情报工作。同时,李克农还对绥德、陇东、三边(定边、靖边、安边)派出三个侦察站,配备了电台,随时监控马鸿逵、马步芳部动态。还将中央情报部设在西安、北平、兰州、沈阳的4个秘密情报台交中央前委直接指挥。这4个情报台在极其困难的环境中,提供了大量的敌区军政机密情报,还报送中央需要了解的敌区公开情报,如北平等地人民生活情况、物价高低、各阶层思想动向等。这些机密的以及公开的重要材料,对中央指挥陕北和全国战局起到很好的作用,甚为中央嘉许。

为配合东北的解放战争,李克农在刘王沟村的窑洞里,通过秘密电台,亲自指挥了中共驻沈阳的情报组织。该组织的主要内线人员,国民党"东北保安司令部"参谋处少校参谋赵炜,是中共打入国民党东北军内部的情报人员,主管机要室,几乎掌握了东北国民党军的全部情况。在辽沈战役开始之前,赵炜就获得了国民党东北剿总司令部、廖耀湘兵团司令部作战处整套的作战情报,东北国民党军的作战计划,兵力部署等重要情况一目了然。战役进程中又设计将国民党军的先头部队引入解放军的伏击圈。在林彪指挥所的桌子上,甚至有东北剿总司令卫立煌的亲批原件。1947年6月,中央后委书记叶剑英在批发中央情报部至沈阳情报组织的电文上写道:"最近你们的情报很有价值,对中央帮助甚大。"对赵炜提供的情报予以嘉奖。

李克农领导下的情报部门,还重点搜集了国民党侦测中共中央和中央军委无线电台方位的情报。1947年3月,叶剑英、李克农致电中央前委和周恩来:西安情报组获悉:国民党保密局主管电讯的魏大铭,带来美国最新侦测无线电方位的设备及操作人员,编为一个分队,配属胡宗南,连日侦察发现山西兴县无线电台最多,由此断定那里是中共中央机关所在地;他们还通过测向侦察企图判明陕北野战军各级指挥员的位置；但电波弱的电台不易侦察到。据此,周恩来指示转战陕北的中央前委电台连续停止三天,重新部署。又致电各野战军：敌现有测向设备,但对小电台因电力弱不易判别。因此,在战前部署和作战中,均不要用电台传达命令,可将司令部大电台移开,改用小电台转拍至大电台,以迷惑敌人。此办法果然有效,胡宗南的无线电测向分队始终没有发现固定的大型电台信号,也无法判断中共中央和中央军委指挥部的所在。接着,周恩来指挥各部队,利用敌人迷信测向设备的心理,将计就计,调动敌人,打击敌人。1947年10月,我西北野战军在攻打清涧县城战斗中,周恩来指示我电台全部关闭,使敌人摸不到我军调动情况,而此时我军正神不知鬼不觉地向清涧县城调动。攻城战打响后,守敌整编第76师师长廖昂发现攻城部队是解放军主力部队,为免遭被歼的厄运,紧急向胡宗南求救,但胡根据测向侦察,清涧方向并无共军主力集结,不仅不派出援兵,反批评廖昂谎报军情。在我军主力部队猛攻下,廖昂支撑不住,再向胡求救,胡宗南仍置之不理,结果清涧县城被攻克,整编第76师全部被歼,师长廖昂被俘。这是人民解放军根据准确情报巧妙地同敌人进行电波斗争战胜敌人的一个光辉范例。

毛泽东说："解放战争中的情报工作是最成功的。"这一点对手也看到了。清风店战役（1947年10月,晋察冀野战军在河北定州清风店地区,歼灭国民党军的战役。此役是人民解放军围点打援战术的代表作）失利后,蒋介石在国防部的检讨报告上批示："由此可以想到匪军的情报工作。他们每次战役前对我军的

情况无不调查的十分清楚。然后针对我军情形制定作战计划来打击我们。我仔细研究,他们对我们的情况何以调查得如此清楚,固然有许多地方是我们自己泄露机密,而主要是匪军情报工作做得彻底。匪军有句话,叫作敌情不明不打……"。

蒋介石的这段"肺腑之言",正是对李克农和他的情报人员最高的褒奖。

侦听电信

> 侦听电信

侦听电信，是指使用无线电技术侦察设备和器材，监听截收敌方各种无线电通话、通报信号，通过对密码、密语的破译和通联特点的研究，对电台进行测向定位，直接获取敌军兵力、部署、调动、作战企图等情报。负责无线电技术侦察情报工作的是中央军委第二局及局长兼政治委员戴镜元。

戴镜元，1919年出生，福建永定县人，1928年加入中国共产主义青年团，同年参加永定农民暴动，1929年加入中国共产党，是我党历史上唯一的一位10岁就入党的党员。参加了中央苏区反"围剿"和长征。解放战争时期，任中央军委第二局局长兼政治委员。新中国成立后，历任中央军委技术部部长，中共中央机要局副局长，北京市东城区委书记兼区长，总参谋部第三

杜家圪垛村中央军委第二局旧址

部部长等职。

戴镜元是我党我军无线电技术侦察、密电破译的开创者,技术侦察情报战线杰出的领导者。抗战时期,他曾破译日军偷袭美军珍珠港的电报,可惜没有引起美军重视。1943年4月13日,他又破译日本海军联合舰队司令山本五十六到"肖特兰地区"巡视的电报,并通过国民政府转告美军。这一次美军不敢怠慢,立即做好战斗准备,山本五十六当场毙命。毛泽东曾为戴镜元题词：“步步前进,就是步步胜利。”

第二局转移临县后,驻扎在三交镇杜家圪垛村、泉王村、胡公村三个自然村,局本部及戴镜元驻扎在杜家圪垛村。

杜家圪垛村四面环山,山高林密,沟壑纵横,交通闭塞,便于隐蔽,是架设情报侦察电台的理想之地。

第二局机关住在该村财主"杜三则宅院"。该院修建于明清时期,坐落在村后沟山腰上,坐北朝南,呈梯田式三层布局,共有30孔砖石旋成的窑洞。一层为一字排开的窑洞,二、三层正面和两侧窑洞有厦檐,两侧窑脑建有厦棚,每层宅院既有独立的院门,又有楼道相通。厦檐、厦棚的木柱和墙体上,镶嵌着精致的木雕、砖雕,虽然有些破损,但仍彰显着当年的荣景。

根据中共中央、中央军委战略部署和前方作战的需要,中央后委对技术侦察情报工作的力量配置、情报侦察重点和情报的整编、通报工作都提出明确要求,做出具体安排。戴镜元带领第二局技术侦察情报人员,在隐蔽的山村院落里,安装设备,架设天线,调试电台,昼夜监听截收敌方发射的各种无线电信号,分析和破译通信内容及技术参数,从中获取有用情报,为中共中央和中央军委提供着另一条战线上的情报保障。

为了保卫转战陕北的中央前委和毛泽东,戴镜元率领第二局人员,利用多部无线侦察电台,对国民党整编第1军、整编第29军电台信号进行监控、侦听,每当发现敌军加紧搜索追击、逼近中央前委时,就立即以特急电向毛泽东、周恩来、任弼时做出报告。有时根据侦察情报,还对中央前委的转移地点、路线提出建议。1947年6月12日,第二局电台侦悉:追击中央前委的国

杜家圪垯村第二局机关旧址

民党军新编第1军已到巡检司马家塔一带。叶剑英立即向正在陕北天赐湾驻扎的中央前委和毛泽东报告并建议：前委机关西去如受阻，建议往杨桥畔之东南、青阳岔以北之线东小里河。按照叶剑英的建议，中央前委机关重返小里河，摆脱了胡宗南部的追堵。10月下旬，西北野战军第一次攻打榆林时，第二局从破译的敌军无线电密码得知，敌军已发现我进攻榆林计划。叶剑英立即向西北野战军通报："榆敌已发现我攻榆企图"，使西北野战军有了战前准备。12月16日，中央后委将截获破译的"敌库存79枪弹已用尽"等重要情报通报各战区，并报告中央军委。

由于全国战场辽阔，我军电台力量有限，这时只能重点侦察。4月份，着重加强对傅作义和阎锡山部的监视，为中央工委和随中央工委东行队伍通过同蒲铁路北段进入晋察冀地区提供情报。6月份后，战争开始由内线转向外线，刘邓、陈粟、陈谢三路大军挺进中原,第二局侦察电台集中70%以上的力量,侦察监听各路的敌情变化,及时将截获破译的国民党军的兵力调动、部署调整、作战意图和蒋介石对战局判断等极有价值的情报通报三路大军,使三路大军能在确实掌握敌情的情况下,及时定下决心,正确选择作战方向和捕捉战机。9月下旬,陈谢兵团从豫陕边隐蔽东进,准备在郑州、洛阳之间攻击国民党军。周恩来、任弼时要求第二局加紧将陇海铁路郑州、宝鸡段的敌方兵力调动情况及时提供给陈谢。第二局给予全力配合。10月2日,陈谢部歼敌第15师师部及第64旅全部。

  由于技术侦察和密码破译工作的高度机密性,我们不便从更多细节中讲述他们的这段经历。但从中共中央高层领导人和各战略区首长的肯定和赞许中,我们或许能从中感受到他们所做的努力和贡献。毛泽东在转战陕北时曾说:"同志们担心我的安全,其实我在陕北是很安全的,因为我了解情况。情况从哪里来,一是阳的,就是解放军侦察到的情况;二是阴的,就是从敌人内部搞到的情报。周恩来在评价这一时期的情报时曾说:"在陕北战场,天天有得用的情报,使我们对敌情了解得很清楚。"华东野战军司令员陈毅1947年讲到莱芜战役、孟良崮战役大捷的原因时,把得力的情报保障工作作为重要因素,幽默地说:"……取得胜利的第四个原因,是蒋介石的帮助。蒋介石给他的部队发命令,照样也给我们发一份。我拿他的命令去打他的部队,是睁着眼睛打瞎子嘛,岂不快哉!"1975年4月,邓小平接见时任中央军委总参谋部第三部部长戴镜元时还提到:解放战争期间,你们的情报工作做得好,对战争的胜利发挥了重要作用。

交流战法

> ## 交流战法

交流战法,就是收集、汇总、整理我军作战经验和敌方战情战法,通报交流到人民解放军各级指挥机关和作战部队,指导部队参考借鉴,以利掌握战场态势,提高作战能力。讲到这方面工作,时任中央军委作战部部长李涛功不可没。

李涛,1905年出生,湖南汝城县人。1925年参加爱国学生运动。1926年加入中国共产党。1927年于桂东参加秋收起义。曾任红军团、师政治委员,军团政治部主任,八路军驻西安、武汉、桂林办事处负责人,中央军委作战部副部长、部长,技术部部长,总参谋部第三部部长兼政治委员。参加了中央苏区历次反"围剿"和长征。李涛长期领导参谋业务和情报工作,功勋卓著。特别是在解放战争中,做到了"知彼知己",为保障作战指挥做出重大

叶剑英与作战部人员分析敌情（左2坐者为李涛）

贡献。1955年被授予上将军衔。

中央后委在临县期间，李涛主管中央军委作战部，并负责第一局工作，成为叶剑英、杨尚昆得力的助手。李涛不但在作战、通信、机要、情报等方面加强领导，为中央前委、中央工委提供有力保障，而且领导中央军委第一局作战人员，在我军作战经验总结交流，敌方战情战法研究通报等方面作了很大努力。

1947年4月下旬，为了统一全军的报道，中央军委通知各战略区，从5月开始，对内实行通报、对外发表战报。中央前委人力有限,所以对各方面资料进行汇总整理、分类研究的任务就落在了中央后委肩上。李涛组织作战人员,将从各个渠道侦搜到的资料,编印出《敌情汇编》《敌情综合》《敌情通报》等内部刊物,介绍国民党军有关战略战术、正规部队、非正规部队、特种兵及联勤机关、学校、军工厂等单位的实力、主官姓名、工作情况、各部队的作战特点等,供我军各指挥单位用兵时参考。

1947年6月下旬,当解放战争一周年时,叶剑英组织李涛等作战人员研究了国民党军兵力使用情况及其变化,拟制了《停战令后蒋军逐月使用兵力变化表》,报中共中央和中央军委参阅。该表显示,经过一年作战,国民党军用于进攻解放区的兵力由193个旅(师)减为43个旅(师),而用于守备新占城市的兵力却占掉了184个旅(师);与此同时,守卫国民党原有统治区的兵力则由75个旅(师)减为21个。叶剑英据此报告中央军委:国民党军的进攻已逐渐变为强弩之末,他的大部兵力陷于守备任务,而国民党原有统治区的守备兵力日显薄弱。这一看法,如实的反映了国民党军在战略布局上的弱点,对中共中央、中央军委研究解放战争第二年的作战部署提供了很有价值的参考。6月30日,根据周恩来的指示,李涛组织作战人员拟就了《自卫战争周年报告》,供中共中央和中央军委参阅。报告在回顾解放战争第一年战果后指出:国民党正规军的后备力量"已达枯竭","解放军的全面反攻不久就要到来",今后的任务是"努力实现全面反攻"。

中央后委在进行专题研究通报作战情况的同时,还组织对各战区作战经验和典型战例进行系统研究总结。人民解放军组织正太战役、孟良崮战役、东北民主联军夏季攻势、鲁西南战役、刘邓大军挺进大别山、陈粟和陈谢两路大军南下作战、黄龙延庆战役、清风店战役、石家庄战役后,根据叶剑英要求,李涛组织作战人员及时将这些战役的各方面情况作了全面、准确的记载,还转发了几个战场的作战经验。同时,收集各战区战役经验、攻坚经验、奇袭经验、其他战术战斗经验43篇,编印《作战经验汇编》发各战区参考。1947年12月30日,陈毅去陕北路经临县,中央后委邀请陈毅作了《一年来自卫战争总结的报告》,并进行整理后通报各战区。

双塔村中央军委作战部旧址

中央后委不但总结交流我军作战经验，同时也根据情报部门截获的敌军情报，向各战区通报国民党的新战法。1947年8月至1948年6月，经叶剑英审定，李涛以"军后参"的名义，将"国民党军对挺进中原的人民解放军采取了新的战法"的情况，电告中央军委和晋冀鲁豫野战军。将东北国民党军改取"新战略战术"这一重大敌情变化，电告东北野战军和各战区，并指出敌军的"战略原则"是：以消灭人民解放军主力为胜利，不以取得城镇或击溃为胜利；"战术原则"是：不作正面攻击和包围攻击，以主力断敌退路或攻击；能守则守，不能守则走，不死守据点，而以机动兵力维护据点之生存，在阵地内歼敌。将国民党军参谋总长陈诚关于"固点避围"战法通报各战区，并进一步分析：陈诚的"固点法"必须具备的条件是，工事坚固、守军兵力雄厚、粮弹充足和增援及时；"避围法"之如果不具备上述条件，但该点又有战略之价值时，亦应固守，以轻装部队控制要点附近，敌弱则进剿，敌强则避战。

这些有关国民党军战略战术和战法变化的信息以及分析结果，对中共中央和中央军委以及各野战军、各兵团作战指挥具有重要的参考价值，有力地配合了各战场的战役和战斗，为解放战争的胜利做出了重要贡献。

组织外事

> # 组织外事

看到这个标题,很多同志会问,在临县的山沟沟里,能做什么外事工作?然而,就是在这山沟沟里,叶剑英改组成立了中共中央外事组,并亲自兼任外事组主任,领导外事组人员编译国外新闻,研究宣传党的对外政策,并为将来开展外交工作准备材料。中央外事组是新中国成立前主管外交事务的具体机构,是新中国外交部的前身。

中共中央外事组是在中央军委延安外事组的基础上改组建立的。延安外事组的设立主要是为了接待保障美军观察组。这也成为中国共产党外交工作的开始。

1944年,美军要对日本发动反攻,曾计划在中国的山东半岛、连云港和大亚湾等地登陆,但这些地区大都是在八路军和新四军开辟的敌后根据地范围内。为了作战需要,美军要求派遣一个军事观察组到延安,直接同中共中央协商合作事宜,并了解解放区的军事实力。

当时美国是中国在反法西斯战争中的盟国,中共中央欢迎同他们合作。毛泽东对美军观察组的到来表示出极大热情和充分的重视。1944年8月18日,中共中央向全党发出《关于外交工作的指示》,要求全党充分认识美军观察组进驻延安的意义,"应把它看成是我们在国际间统一战线的开展,是我们外交工作的开始。"《指示》还指出,"这次观察组的到来,主要是为了进行军事合作方面的工作,但在军事合作的基础上,以后就有可能建立文化的,而后是政治的合作"。要求对美军人员给予"热情而适度的接待"。

1944年7月22日,首批美军观察组成员飞抵延安。为了保

美军观察组人员着国民党军服合影

障美军观察组的工作、生活，也为了表达中共中央、八路军总部的抗战决心，决定设立中央军委延安外事组，经毛泽东、周恩来提议，杨尚昆兼任延安外事组组长，王世英和金城为副组长，成员有柯柏年、陈家康、黄华、凌青等，美国人马海德为顾问。

延安外事组成立以后，为美军观察组在延安和解放区的活动提供了很多支持和帮助。按照中央的指示，各有关部门和各解放区积极进行工作，在收集日军情报，采集气象资料，勘测沿海登陆场地，建立通讯联络，营救落难美国飞行员等方面，同美军进行了卓有成效的合作。美军观察组在延安住了两年多时间，双方合作比较顺利。但在1945年美国总统罗斯福逝世、杜鲁门上台后，美国公然宣布只同蒋介石合作，不同中共合作，驻延安的美军观察组人员日渐减少，到1947年3月11日，最后一批美军观察组人员撤离延安。四个小时后，国民党军飞机开始轰炸延安。

延安外事组在转移时，周恩来、叶剑英、杨尚昆将延安外事组人员和国共关系破裂后，重庆办事处、南京办事处和北平军调处执行部撤回的人员组织在一起，成立了一个分队，薛子正任队长，黄华任副队长，王炳南任党支部书记，随中央机关一同转移晋绥边区。

延安外事组进驻双塔村后，叶剑英、杨尚昆根据中共中央的指示，将隶属于中央军委的延安外事组改组为中共中央外事组。1947年5月11日，叶剑英就外事组的改组及工作情况向中共中央做了报告：外事组包括前京（南京）、平（北平）、渝（重庆）三地外事人员，已于5月1日改组，主任由叶剑英兼任，副主任王炳南。现有工作人员20余人,分为三个处:编译处由徐大年负责,研究处由柯柏年负责,新闻处由董越千负责。各部门于5月10日开展工作。叶剑英在报告中还谈到了各处的工作计划。编译处主要翻译毛泽东文选,编译介绍土地改革和解放区文化的材料;研究处主要研究国际形势,党的外交政策,编写有关参考资料;新闻处主要编发和油印新闻材料。不久,撤销新闻处,新建政策研究室,为将来开展外交工作准备材料。

中央外事组住在双塔村的一个一进两开的院子里,内院正面有6孔窑洞,东西两面各有3孔窑洞,窑洞都有厦檐,南面为大门,大门两侧各有马棚4间,东侧有水井一眼;外院有碾子和磨盘,东面有窑洞2孔,西面有3间瓦房,东南面为大门。该院是

双塔村中央外事组旧址内院门

双塔村最好的民居,为标准的窑洞式四合院。在这个四合院里,外事组展开了各项工作。1947年8月19日,中央后委向各中央局和各战略区发出通知:希望近期办理如下事情。(一)对外宣传我解放区,目前急需各地有关土地改革,爱国自卫战争,财政经济以及解放区各种斗争与建设材料,能反映战斗、斗争实例典型材料。(二)希望各地区中央局指定专人收集有关上列各种材料,包括有各种政策、法令、条例、工作总结。印作宣传报道用之各种单行小册、各种报纸、刊物、杂志。(三)各种材料收集两份,直接寄送中央后委外事组,如系报纸、刊物,请经常寄送。

外事组根据各地报送的材料和新华社、塔斯社电讯,编译了《新闻资料》、《新闻快讯》;根据美国新闻处出版的有关资料编写《美国手册》,介绍美国政治、军事、经济、文化等方面的情况,并对美国有关问题进行专题研究;英译毛泽东著作、七大党章、党章报告及编译各种对外宣传资料等。

周恩来跟随毛泽东转战陕北,但对中央外事组的建设发展高度关注,指示中央后委要加强对外事组的工作指导,给外事组增加力量,补充干部,及时解决遇到的各种困难。1947年7月和11月,周恩来先后两次写信给外事组副主任王炳南,要求外事组抓紧培养外事干部,强调翻译工作的重点是翻译毛泽东著作,中央政策文件,同时要求外事组翻译涉及美国政治、军事和外交的各种文献资料。

叶剑英非常关心外事组工作。一次,叶剑英来到外事组驻地,亲切地对大家说:"你们都是无名英雄,在这山沟里翻阅资料,核对文稿,相处十分密切。身在土窑洞里,掌握着全世界、全

双塔村中央外事组旧址（内院）

中国的大事。你们编印的《参考资料》，后委的同志都很爱看，毛主席、周副主席和任弼时等中央领导同志都经常看，都很满意。"他告诉大家，现在全世界都在关注着我们同国民党反动派的大决战。目前我军已转入全面进攻阶段，在国际上影响很大，今后要注意多综合一些国内、国际知名人士的反应，供中央领导同志参考。

外事组的工作人员在中共中央和中央后委的领导下，在临县的山沟沟里，既给中央了解世界提供信息和参考意见，又使世界了解解放区有了最直接的渠道。外事组的工作，不仅保证了中共中央和中央军委有效地进行决策和指挥，而且有力地配合了人民解放军各战区的作战行动。

当年曾参加中央外事组、后来做了多年外交工作的凌青回忆说:"1947年5月,在山西临县成立了中共中央外事组,为中央直属八大单位之一,叶剑英兼任外事组主任。我在研究处一科任科长,研究美国情况,编译过一本《美国手册》。这样一直到全国解放,我们便参加筹建中华人民共和国外交部机关。

1948年3月,中央外事组转移河北平山县西柏坡,周恩来兼任外事组主任,王炳南任副主任。1949年3月,外事组随中共中央迁往北平。10月,中央人民政府成立后,外事组人员全部转入外交部,成为组建中华人民共和国外交部的基本队伍。

筹谋统战

> **筹谋统战**

1946年12月16日，刘少奇主持中央书记处会议。这次会议在听取周恩来对华南国民党统治区工作的报告后，决定设立中央城市工作部（简称城工部），周恩来为部长，李维汉为副部长，领导全国各地地下党工作和城市工学运动以及负责党的统一战线工作。

1947年3月，中共中央撤离延安时，周恩来留在陕北协助毛泽东组织中央前委工作，李维汉和城工部机关转移临县三交镇，分别居住在三交镇泉王村、西王家沟村，在周恩来和中央后委的领导下，具体负责对国民党统治区的城运和统战工作的统筹和联络。

李维汉，1896年出生，湖南长沙县人。1916年考入湖南省立第一师范学校,与毛泽东、蔡和森等校友结识,并一起创建了新民学会。1919年赴法国留学,后参与中国共产党欧洲支部的筹建工作,成为中国共产党最早的党员之一。李维汉长期做统一战线工作,是党和国家统战工作的卓越领导人。

西王家沟村中央城工部旧址

1947年4月29日,中共中央给各中央局、分局、区党委的指示中说:城工部自去年年底改组以后其任务已定为:在中央规定的方针下,研究与经管蒋管区的一切工作,并训练这方面工作的干部。现在除各解放区的中央局下设城工部外,各解放区的区党委,如周围有蒋管区可进行工作的也得设城工部。5月5日,中共中央又发出关于蒋管区工作方针的指示:要保护中国共产党及民主进步力量,以继续加紧开展人民运动;要坚持放手发动群众进行反美反蒋的方针,将公开合法的斗争与隐蔽的斗争结合起来;蒋管区城市工作,一切要从长期存在打算,以推动群众斗争,开展统一战线。如此,方能"配合解放区胜利,推动全国新高潮的到来"。

叶剑英、李维汉组织城工部人员认真学习中共中央的指示要求,并结合各地情况具体贯彻落实。1947年5月6日,叶剑英、李维汉致电周恩来并中共中央:鉴于解放战争胜利及蒋区情况变化,正研究蒋区工作部署问题,俟经后委常委讨论后即电供中央采择。各项工作遵循总结过去,并研究当前的原则。……关于训练干部,一年来从蒋区撤回之干部,散布各地,拟委托各地城工部加以调查登记,凡条件和志愿适合地下工作者,由中央城工部拟定训练计划,经中央批准后委托地方城工部进行。……城工部在后方期间为加强工作起见,由后委常委直接领导之。5月7日,周恩来复电同意城工部意见,同时要求"城工部在5、6月间对蒋管区的农村武装斗争、统战工作、党的组织、城市斗争研讨一个提纲。"

全面内战爆发后,国民党当局横征暴敛,国民党统治区人民反饥饿、反内战、反迫害和反对美国助蒋内战的斗争越来越高涨。中共中央和中央城工部对国民党统治区的工人、学生运动及时进行指导。1947年5月4日,上海各校学生举行游行示威,反对内战。同时发生了上海八千工人、学生包围国民党警察局的事件。这一爱国运动,立即扩大到南京、北平、杭州、沈阳、青岛、开封等许多城市。国民党反动派对学生的爱国民主运动采取了极端野蛮的镇压办法。1947年5月20日,京沪杭16所高等院校的学生代表赴南京请愿,遭到国民党军警的镇压,造成震惊全国的"五·二○血案"。城工部总结城市斗争经验教训,向中共中央

游行塑像

提出了四条斗争策略建议：要求各地的秘密党组织加强统一领导，扩大学生阵营；提出的斗争口号要经过群众酝酿和推敲，不让反动当局找到借口；建立情报工作，尽可能预先揭露反动派屠杀进步力量的阴谋，公开工作和秘密工作分工，使斗争能持续开展；发动工人、公教人员、平民参加反饥饿斗争，争取军警。中共中央同意并采纳了这些策略建议，指出：要灵活运用斗争策略，"使一切群众斗争都为着开辟蒋管区的第二战场，把人民的爱国和平民主运动大大地向前推进"。"现在全国人民的各种斗争客观意义都在搞垮蒋介石统治"。"我们尽管放手动员群众进行反饥饿、反内战、反迫害的斗争，向蒋政权要饭吃、要和平、要自由。为了瓦解蒋介石镇压后方的力量，应赶紧进行争取宪警中的士兵工作，使之同情学生要饭吃、要和平的斗争，进到其本身要求加薪退伍的斗争"。为此,1947年5月30日,毛泽东在为新华社写的评论《蒋介石政府已处在全民的包围中》一文中也指出:中国境内已有了两条战线。蒋介石进犯军和人民解放军的战争,这是第一条。现在又出现了第二条战线,这就是伟大的正义的学生运动和蒋介石反动政府之间尖锐斗争。学生运动的口号是要饭吃,要和平,要自由,亦即反饥饿,反内战,反迫害。城工部根据中共中央和毛泽东的指示,积极指导城市学生运动,反饥饿、反内战、反迫害的斗争风起云涌,此起彼伏,给摇摇欲坠的蒋家王朝又添了有力一击,极大地支援了全国解放战争。

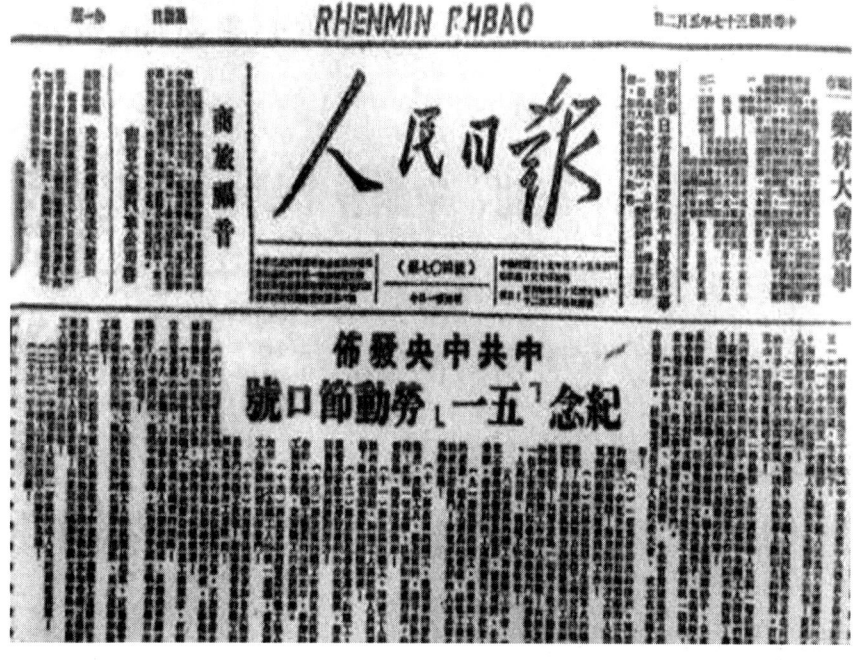

中共中央发布纪念"五一"劳动节口号

对国民党统治区农村的游击斗争,中央后委也提出了一些策略建议。当时,福建、广东农村中的反动统治力量空虚。1947

年4月下旬,城工部电示香港工作委员会,要其协助广东区委制订计划,将流散在广东内地和闽西南的中共党员集中起来,加以训练,派回农村去开展游击斗争,并为干部回粤工作开辟交通线。6月,中央后委向中共中央提出在国民党统治区开展农村游击斗争的六条建议。在各地党组织努力下,粤西南建立起了游击中心,闽粤赣、湘粤赣、黔桂滇辖区,浙东南、海南等地,先后建立了游击队。

随着我军外线作战的胜利,中央后委根据中共中央的指示,责成城工部在三交开办了准备回四川开辟工作的"川干训练班"。这个训练班有学员260余人,来自中共四川省委和重庆《新华日报》撤回来的人员,陕甘宁、晋绥区内原红四方面军的川籍人员,中央机关和陕北地区的川籍干部。他们在训练班里学习党的土地改革政策和工商业政策、山区小分队的游击战术。1949年第二野战军南下时,他们和西南服务团合并,随军入川,参加了接管工作。

在统一战线工作上,城工部也做了很大努力。进入1948年后,各解放区土改运动已全面展开,国民党统治区的民主运动也是蓬勃发展。各民主党派在香港、上海、昆明等地相继恢复,并得到迅速发展。1948年4月30日,中共中央在研究了全国的形势后,发布了具有历史意义的《纪念五一劳动节口号》,响亮地号召各民主党派、各人民团体及社会贤达,迅速召开新政治协商会议,讨论并实现召集人民代表大会,成立民主联合人民政府。与此同时,毛泽东亲自致电身在香港的李济深、沈钧儒,邀请各民主党派、各人民团体的代表召开政治协商会议。毛泽东说,一切反美帝反蒋党的民主党派、人民团体,均可派代表参加;不属于各民主党派、各人民团体的反美帝反蒋党的某些社会贤达,亦可被邀请参加。

"五一口号"和毛泽东的电报发出后,各民主党派、人民团体和爱国民主人士群情激奋,立即响应。5月4日,华侨首领陈嘉庚代表在新加坡的120个华侨团体致电毛泽东响应;随后,中国国民党革命委员会李济深、何香凝,中国民主同盟沈钧儒、章伯钧,以及中国民主促进会、致公党、中国农工民主党、中国人民救国会、中国国民党民主促进会、三民主义同志联合会和无党派人士郭沫若等232人以及南洋、法国、加拿大、古巴的华侨代表纷纷致电毛泽东,拥护中国共产党的主张。

于是,以中国共产党为首,筹备新政协的工作迅速提上日程。护送、接待民主人士来解放区的工作由周恩来领导,城工部负责。此时城工部同香港、上海地下党保持秘密电台联系,7月底,周恩来通过城工部的电台致电上海、香港的中共党组织和华北局,准备护送沪、港、平、津的民主人士安全到解放区。

杨尚昆在回忆录中讲述:1948年五一节中央发布新政治协商会议的口号后,在香港的李济深、何香凝、沈钧儒、郭沫若等立即通电响应。把他们接到解放区来的事,由兼任城工部部长的周恩来总负责,李维汉总协调,李克农和钱之先经办。先通过城工部建立的中共地下党的关系,然后秘密交通护送,其中不乏传奇性的故事。当时通过好几个渠道进入解放区,在香港时乘苏联的邮轮或租用外轮,到大连或东北解放区,何香凝、郭沫若走的就是这条线;朱学范是和邓发出席国际工联会议后到哈尔滨参加

第六次全国劳动大会就留下来；华东的民主人士像陈叔通、柳亚子等是经解放了的济南过来的；张东荪、费孝通、雷洁琼等是从北平经石家庄到西柏坡。

1948年8月24日，刘少奇向毛泽东写了一份报告，其中请示说："在汇报时，大家意见将城工部改为统战部，以便能管政协、海外及国统区工作，而将解放区城市政策及工人运动归彭真及政策研究室管"。毛泽东看后欣然批示："同意这种改变。"1948年9月29日，中共中央撤销城工部，组建统战部，李维汉任中共中央统战部部长。

保护党费

> **保护党费**

所谓党费,是指中国共产党的经费,主要来自全国各地党组织和党员上交的党费(因各解放区货币不统一,就用黄金、银元结算),党的地下组织冒着生命危险在海内外做生意赚来的经费,以及友好团体和人士捐赠的钱物。中共中央规定,这些经费只能用于党的特殊经费开支,如资助兄弟党或者用于机密单位和党的地下工作的特殊经费。

1941年9月,中共中央成立中央书记处特别会计科(简称特会科),专门掌管中共中央的特别重要经费的收入和支出,以及党的重要珍贵财物。特会科由任弼时亲自分管,赖祖烈任科长。1947年3月转移临县时,特会科编入中央办公厅序列,改称"中央办公厅特别会计室"(简称特会室),赖祖烈任主任。

赖祖烈,1907年出生,福建永定县人,1928年参加中国共产党。中央后委在临县期间,任特会室主任、中央后委办公室主任。新中国成立后,历任中央办公厅特别会计室主任兼任周恩来财政秘书,政务院参事,中南海管理局局长,中央警卫局局长。赖祖烈早在中央苏区时期就当过银行行长,抗日战争时期跟随周恩来、董必武、叶剑英在武汉、重庆八路军办事处负责管理经济工作。在武汉、重庆八路军办事处工作期间,他以合法身份,为中国共产党筹措了大量活动经费。由于他与国内金融界上层进步人士建立了友好关系,为八路军办事处的工作创造了很多有利条件。在延安期间,曾任陕甘宁边区贸易局长。

1947年3月,中共中央撤离延安时,任弼时留在陕北协助毛泽东组织中央前委工作,特会室转移到山西临县,暂由中央后委书记叶剑英代管。任弼时特地向叶剑英交代,要他多关心特会

双塔村中央特会室旧址

保护党费

室的工作。叶剑英进驻双塔村后,将特会室安顿在双塔村一处幽静、坚固的窑洞式四合院内。这里讲述的就是叶剑英精心保护党的这部分经费的一段故事。

中央后委进驻临县三交后,国民党飞机天天在晋陕黄河沿岸侦察轰炸,叶剑英非常担心如果敌机轰炸双塔村或村里发生突发事件时,党的这笔经费如何不受损失!

1947年4月的一天,叶剑英派工作人员叫来特会室主任赖祖烈,说:"我们中央机关数千人住在离黄河不远的小平川,敌人常用飞机、电台在侦察我们从延安出来的去向。一旦发现了目标,一定会来轰炸的,你们住的那个院子是村子里较坚固的几个窑洞,但是敌人要扔炸弹就很难说了。你们研究过如何对付敌机的炸弹和其他突发事件没有?"赖祖烈说:"我们已经研究两三次了,想到对党的经费加固装箱和把窑洞隔成两层等办法,但大家

双塔村中央特会室存放"党费"的窑洞(左一)

还是觉得不理想,大家正为找不到最可靠的办法伤脑筋呢。"叶剑英说:"窑洞加固可防小偷和窃贼,但挡不住敌人的炸弹,最好是在窑洞地底下挖深坑,把加固的箱子埋下去,敌人丢了炸弹也不会把贵重物品暴露在地面上。这里地处黄土高原,干旱少雨,房屋地基下不会太潮湿,一年内加固的木箱子不会损坏,贵重物品能安全稳妥地保管好,你们看如何?"赖祖烈听了笑着说:"这个办法太好了,为我们解决了大问题。我们想了几天都只在地面上做文章,没想到在地下挖深坑的办法。"叶剑英说:"你们的办法也不错,说明大家都为保护党的经费动了脑筋,想了不少点子。"接着又说:"时间要抓紧,越快越好,争取两天完成,还要注意保密工作。好在你们院里就你们一个单位,可以关起大门挖坑,你们人员不多,这又是强劳动活,又不便请别的单位的同志帮忙,只好辛苦特会室的同志们了。"

赖祖烈回到特会室驻地,向大家传达了叶剑英关于将党的经费加固装箱埋藏在窑洞地底下的指示,大家齐声称赞这个办法好,并进一步研究了具体办法后,便分头准备。有的到三交镇买白布、油布、麻绳、铁钉等加固包装材料,有的开始在窑洞的地面挖土坑。正如叶剑英预料的那样,黄土高原的老房基,底下干燥,土质坚硬,尤其是生石灰和黄泥土板结层更是坚硬如石,已挖到近一尺多深还没有见到湿土,大家边挖边高兴地说:"这样箱子埋在底下几年也不会受潮,箱子里的财物就不会受损。"党的经费能得到妥善保管,大家心里高兴,干得也起劲。

大约到吃晚饭时,两米半深的大坑挖好了。赖祖烈说:"我去请叶书记给我们指导指导。"不一会叶剑英就来了,他看大家衣服都湿透了,看看底下的大坑,高兴地说:"大家辛苦了,你们挖的很快嘛,底下土还比较干燥,这就好了。"他边说边拿起门后放着的顶门棍使劲往坑下跺,用耳朵听底下有无空音,直到他认为没有空音时才笑着说:"山西财主多,往往建房时在地下还修个小金库,存放家里的金银财宝,万一我们党珍贵财物漏下去可不得了。"赖祖烈高兴地说:"真挖出金银财宝,我们党的经费又要增加了。"叶剑英风趣地说:"老赖呀,你想发洋财呀,那可不行啊!就是挖出了金银财宝,也得交到地方政府按政策处理。"叶剑英看着大家还穿着汗湿的衣服,关爱地说:"今天同志们太辛苦了,任务完成得很好,现在天还凉,赶紧换上干衣服,明天的任务还很重。"说完就回去了。

第二天吃过早饭,特会室的同志对几包不够坚固的包裹又重新启封加固包装。按规定只要开封,就要重新点件数,重新过天平秤分量。特会室的同志分头点数、过称、作登记,当确认清点数字分毫不差时,大家用白布包裹几层缝好,加上火漆封口,再用细麻绳捆上几道,最后由赖祖烈主任在包上签字后,编号装箱。怕损坏箱子,上面盖了油布和旧棉被。封堵坑口时,用高粱秆绑了一个篱笆盖在上面,加土铺平。为了不被人怀疑,大家又用从坑里挖出的土,在院里整出两块菜地,从老乡的菜园子里买来西红柿和黄瓜苗种到地里。

叶剑英在赖祖烈的陪同下来到特会室,当他看到院子里多了两块菜地时,高兴地说:"你们很会动脑子,这个办法很好,隐蔽工作做得很自然"。接着,赖祖烈陪叶剑英进窑洞实地视察,并把党的经费在地下的摆放全过程详细汇报了一遍。叶剑英听了

后,弯下腰仔细观察地下的坑和坑周围的情况,说:"砖缝恢复得不错,这两天扫地时适当洒点水,砖缝的土就固定牢了,砖也固定结实了。"

1948年3月,中央后委开始向河北平山县西柏坡转移。叶剑英为了确保党的经费万无一失,特派一个连护送。经过近一个月艰苦行军,4月下旬,特会室转移到了西柏坡驻地。赖祖烈向叶剑英报告:所有箱子完好无损,所有财物分毫不差。

统筹支前

> **统筹支前**

1947年7月21日至23日,在陕北靖边县一个叫"小河"的山村里,中共中央召开了一次重要会议,史称"小河会议"。会议在村民贾树堂家院子的一颗老槐树旁搭起的一个凉棚里召开,毛泽东主持了这次会议。会议着重讨论了军事计划和地方工作。同时,会议还决定:由彭德怀等组成西北野战军团前委,彭德怀为书记,以讨论政策与执行战略任务。中央军委为加强西北地方武装的建设和后方工作的领导,决定将晋绥军区恢复并入陕甘宁晋绥联防军,下辖晋绥军区的绥蒙、吕梁2个二级军区、6个军分区和陕甘宁的5个军分区。贺龙任司令员(兼晋绥军区司令员),习仲勋任政治委员。"由贺龙统一领导陕甘宁、晋绥两地区工作","解决统一后方、精简节约、地方工作三个问题","以集中

一切人力、物力、财力,支援西北解放战争"。在这次会议上,毛泽东深情地说:"陕甘宁边区在军事上,财政上,都依靠晋绥,今后更加如此。"

出席会议的贺龙、杨尚昆深感责任重大。他们回到三交镇双塔村后,向叶剑英及中央后委传达了会议精神,并就中央后委和陕甘宁、晋绥边区承担的"支援西北解放战争"的任务做了研究部署。

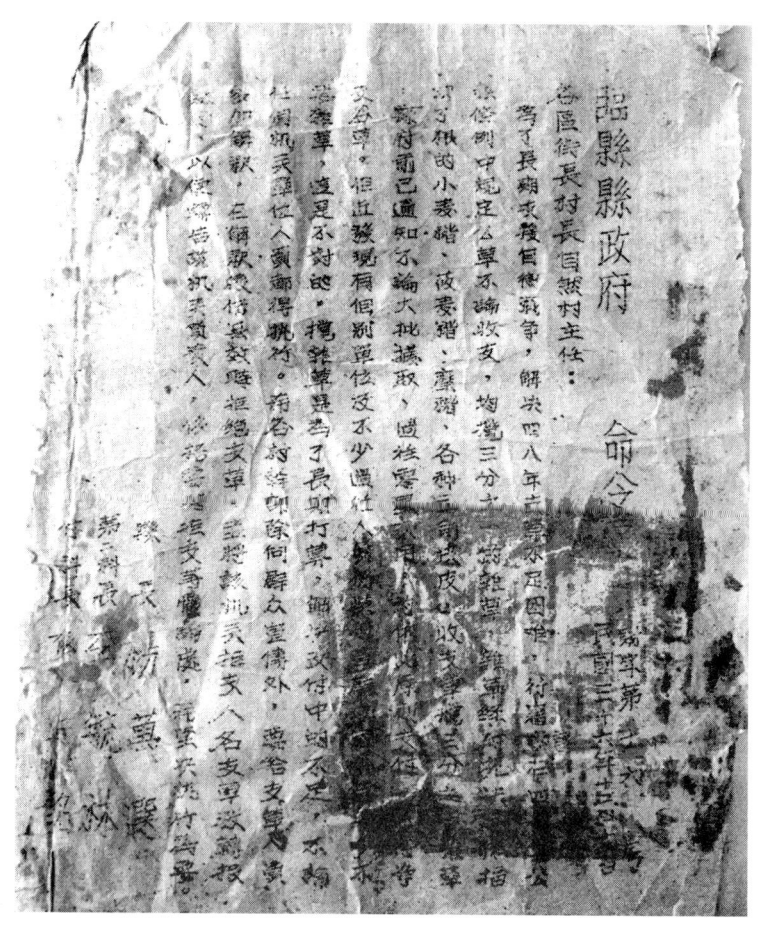

临县县政府发布的征粮命令

第一项任务就是筹运粮食。当时，西北野战军已发展到 6 万人，中共中央、陕甘宁边区各机关、部队、学校及游击队约 2 万人，这 8 万余人每月需要粮食 1.6 万余石（1 石约 300 斤），还不包括中央后委、晋绥军区部队和地方工作人员所需粮食。然而，黄土高原土地贫瘠，农业生产落后，粮食产量较低。加上时值陕北和晋西北雨水稀少，旱灾严重，粮食只收到丰年的四五成。在如此严重的情况下，要解决 8 万多人所需粮食，困难之大可想而知。而此时，部队急需粮食。

1947 年 8 月 8 日，毛泽东给贺龙发来电报：请你们迅速吩咐各县，大力动员粮食，只要有 7000 至 1 万石粮食，即可保障作战计划之完成。8 月 27 日，中央军委又发来急电：野战军南下，已无粮食携带。速令绥（德）延（安）两地沿途筹粮。9 月 23 日，中央军委指示贺龙、习仲勋：为保证作战供应不缺，要求后勤支援工作立即动员出 2 万石细粮。在部队里，由于没有粮食、草料，抓到的俘虏只好放掉。许多作战部队处在半饥饿状态，体力相当虚弱。10 月 21 日，彭德怀向中央军委报告：榆林战役中部队缺少粮食，有的部队已经三天无粮接济，靠杀骡马及瓜菜洋芋充饥，影响战斗力。

粮食已成为陕甘宁军民生存和西北部队作战的关键。为了解决陕北的粮食供应，中央后委全力展开筹粮工作。1947 年 9 月，从晋察冀解放区紧急调运粮食 10 万石；从山西晋中、晋西南紧急调运 3 万石，动员临县 3 个乡 69 万人次，源源不断的将粮食运到陕北。叶剑英女儿叶向真回忆说，那时我才 7 岁。当时人们谈论最多的就是打仗，最有意思的是杨尚昆叔叔住的院子里，

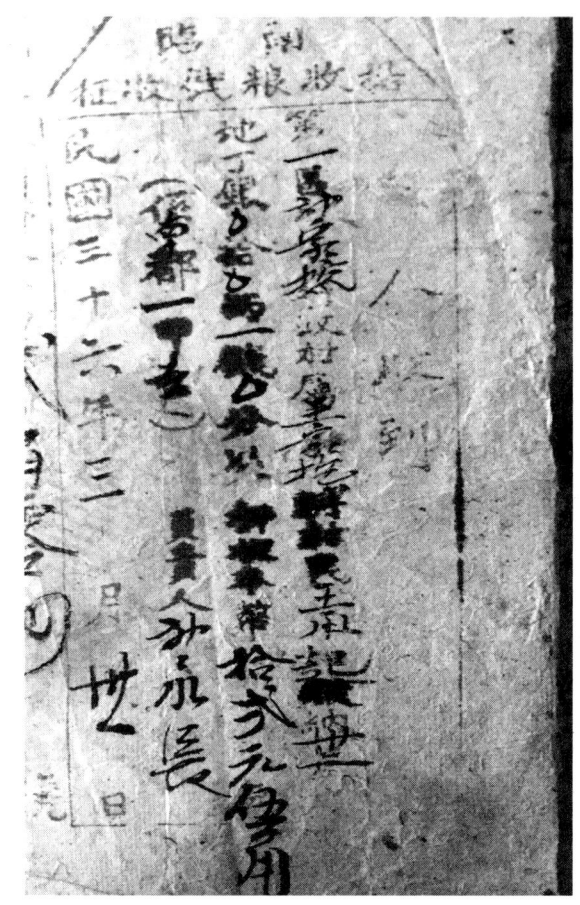

临县征收钱粮收据

有一盘大石磨,大人们将大锅里炒过的黄豆在石磨上推,我们也帮着推。推出的黄豆粉干什么呢?就是给前方的部队做干粮。

在中央后委和陕甘宁、晋绥两区的共同努力下,西北战场的粮食问题基本得到解决。1947年10月30日,贺龙致电彭德怀:经研究,野战军30天内共需粮1.2万石,目前已筹到1.5万石,只要运输与调剂好,估计部队需粮不成很大问题。另外为野战军冬季整训准备了1.4万石粮食。

第二项任务就是供给军需。中央后委安营三交镇后,有一项任务就是负责中转中央工委和各解放区供应中央的军需物资。同时还领导中央供给部所属的纺织厂、被服厂。

1947年冬季即将来临时，前方部队急需越冬的棉被。1947年9月2日，杨尚昆、李维汉致电周恩来、任弼时：(一)太行、五台两处给中直棉被共4000床（其中1000床系材料）已全部运回；(二)两处所发棉衣均系制成品，现只运回五台400套，余在途中，预计9月底可全部运回；(三)供给部自制棉衣1000套，已全部做好准备发你处。(四)中央支队共需棉衣多少，是否还需棉被与棉鞋，所需数目若干，均请示。(五)毛泽东、刘少奇等需要什么，亦请示。(六)预计在交通顺通后，9月半先将棉衣送到河西。9月9日，任弼时复电：照中央支队现有人数计需棉衣、棉帽及棉鞋各780套（双），补充棉被的土布1036丈，棉花1471斤，望

纺织厂的工人纺棉线

10日派人来商运时间和办法。9月11日,复电任弼时:棉衣800套9月中先送河西。9月17日,杨尚昆致电董必武,中直冬季被服问题大致已解决,现因人员增加,河西800人在此次胡宗南部队进攻中,因轻装及行动被服损失,需要的补充超过计划甚大,故拟再由晋察冀拨被子1000床(材料)和600到800件大衣(成品)给中直。

被服厂工人制作军服

第三项任务就是补充兵员。1947年6月,叶剑英接到毛泽东来电,要求中央后委从太行和五台地区征集新兵补充警卫团。中央后委立即派中央社会部的干部去太行、五台组织新兵征集,并对新兵的身体素质进行摸底,对政治情况进行审查。后征集新兵1300人,先送到西北参加作战,在实战中经受锻炼,后来从中挑出600人编成1个团4个连,护送到中央前委,作为保卫毛泽东转战陕北的警卫部队。聂荣臻还为这些警卫战士配备了精良的武器,包括美式步枪500支,每枪子弹130发;机枪18挺,每挺子弹500发。

中央后委还派出干部帮助地方扩兵。杨尚昆在回忆录中讲述:1947年6月,中央电令我去陕北汇报工作。我渡过河后,先到绥德专区。军分区的同志正在忙扩兵,中央规定的任务是在4个月内完成扩兵10000人的任务。军分区政委张邦英和地委的同志向我介绍了情况,希望后委从河东的工作队中抽出一些干部,协助他们做扩兵工作。我当即电告叶剑英同志,后来中央后委抽调了40名干部到绥德帮助扩兵工作。

黄河渡口转运军需物资的船只

第四项任务就是建立交通。正如前文所述,晋绥边区早在抗战时期就是全国抗日根据地进出延安的唯一交通要道,也是中共中央连接华北、东北、华东各战略区的枢纽地带。中央后委驻扎三交以后,这里不但成为物资中转站,也成为陕北与各解放区人员往来的交通接待站。1947年8月18日,叶剑英、杨尚昆收到任弼时来电:为保密起见,请通知河东各中央机关,派人来河西联系工作,统一经中央后方委员会办理介绍信和路条。10月31日,中共中央致电各中央局:为加强与中央的地面交通和联系,决定在中央后委设立交通科。各中央局应注意加强与地面的交通工作,并与中央后委交通科发生联系。根据中共中央的指示,中央后委在河西建立了同西北野战军联络的交通站,在山西崞县(今原平市崞阳镇)建立了同晋察冀联系的交通站。交通站的主要任务就是中转运送从国民党统治区送来的报纸、刊物和物资,接待护送由各解放区到陕北人员。12月,华东野战军司令员陈毅到陕北米脂县杨家沟参加中共中央扩大会议时,就是经中央后委交通站护送过河的。

第五项任务就是医疗保障。中共中央和中央军委撤离延安后,中央军委总卫生部一部及中央医院、中央和平医院一同转移临县,各医院在中央后委的领导下,由总卫生部副部长傅连暲负责,组织收治由西北前线送来的伤病人员,同时为中央前委和中央后委提供医疗保障。

1947年5月27日,叶剑英、杨尚昆、傅连暲收到任弼时来电:这里药品将尽,此处无法可想,请发给中央同志药品及常用医疗器材。6月,杨尚昆回中央汇报工作时,发现中央前委和西北部队急需各项战时常用药品如麻醉剂、碘片之类。立即致电叶剑英汇报。中央后委从晋绥和晋察冀军区采购了作战急需药品送到西北野战军。当时，随中央后委转移三交的还有中央机关门诊部，随总卫生部驻三交镇西坡村，人们称三交门诊部。门诊部设有妇产科、口腔科、内外科等，主要是为中央后委机关及部队提供医疗服务，同时还担负着中央前委的医疗保障。1948年3月，中央前委东渡黄河之际，中央后委特派总卫生部副部长傅连暲带领门诊部的医护人员，用小毛驴驮着医疗器械和药品，西渡黄河，给转战陕北的毛泽东、周恩来、任弼时等中央领导和部队检查身体，医疗疾病。

1947年晋绥边区支援供给陕甘宁边区物资图
(兴县晋绥边区革命纪念馆提供)

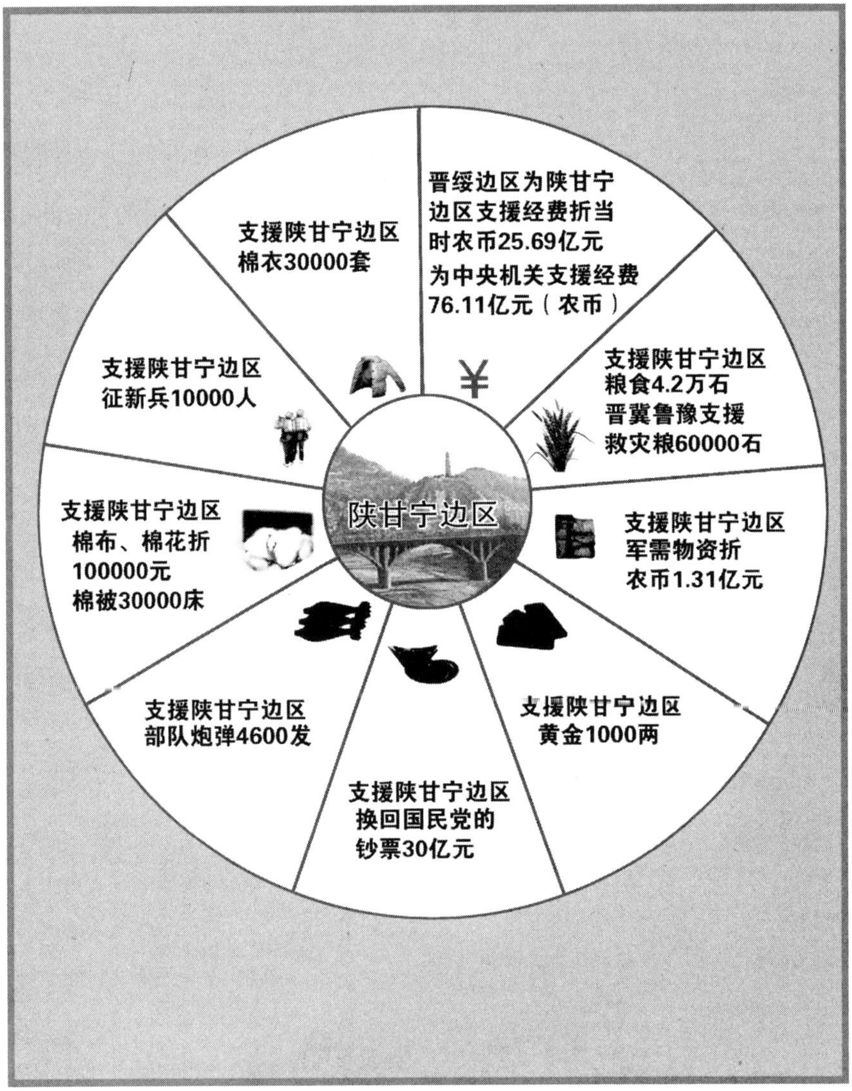

- 支援陕甘宁边区棉衣30000套
- 晋绥边区为陕甘宁边区支援经费折当时农币25.69亿元，为中央机关支援经费76.11亿元（农币）
- 支援陕甘宁边区征新兵10000人
- 支援陕甘宁边区粮食4.2万石 晋冀鲁豫支援救灾粮60000石
- 支援陕甘宁边区棉布、棉花折100000元 棉被30000床
- 支援陕甘宁边区军需物资折农币1.31亿元
- 支援陕甘宁边区部队炮弹4600发
- 支援陕甘宁边区黄金1000两
- 支援陕甘宁边区换回国民党的钞票30亿元

陕甘宁边区

土改纠偏

> 土改纠偏

1947年6月,晋绥边区全面开展土地改革运动(简称土改)。叶剑英、杨尚昆等中央后委领导和机关积极参与并指导了晋绥边区的土改。特别是当晋绥边区土改出现严重左倾问题时,叶剑英及时主持召开临县土改纠偏会议,发表了重要讲话,为晋绥边区全面、正确地贯彻执行党的土改政策,进一步推动土改运动起到了十分重要的作用。

晋绥边区在全国内战爆发前的1946年4月,就发动广大农民开始向汉奸恶霸地主进行清算斗争。5月4日,中共中央发出《反奸清算与土地问题的指示》以后,晋绥边区的土改运动相继铺开。中共晋绥分局从各党政机关选调了一大批干部进行土改政策培训,组成工作团分赴全边区各县有代表和典型意义的区、村进行农村阶级关系和土地情况的调查。在全面掌握农村阶级状况和土地占有状况的基础上,制定下发了《怎样划分农村阶级成分》的文件,对晋绥边区抗战以来的政治、经济、阶级状况的变化作了深刻分析,对不同阶级的划分做出明确规定。同时,组织农民积极分子建立农会,开展斗争地主恶霸大会,启发提高阶级觉悟;组织阶级成分划分,毁契烧约,清算账目,分地分财。从整体工作把握上,虽然发展缓慢,但还是比较平稳。

修缮后的郝家坡村土改工作队驻地旧址

1947年3月,康生、陈伯达率中央土改工作团来到临县白文镇郝家坡村进行土改试点。工作团由中共中央、中共晋绥分局、三分区、临县县委、白文区委、郝家坡行政村、自然村共七级干部60多人组成。

郝家坡村为行政中心村,由10个自然村组成,全村有616

户,总计2577人。该村作为临县老区之一,多年来经过减租、减息、查租、回赎、贯彻中共中央"五四"指示,封建剥削阶级已有相当程度的削弱,完全无地户几乎没有。康生却认为,从政治上看,这里的土地问题仍然没有解决,提出要在政治上打垮地主,并且否定中共晋绥分局编印的《怎样划分农村阶级成分》的文件。康生说:这个文件"在重庆可以用,在晋绥不能用";甚至对毛泽东曾制定的《划分农村阶级成分的标准》也持否定态度,"不能按毛主席在著作里写的那个意见来划阶级成分"。中共晋绥分局在康生的压力下将文件收回。此后,康生亲自制定了"三条标准",即在剥削阶级条件之外,又增加了查历史,查生活和查政治态度等条件,作为划分农村阶级成分的依据。根据康生的"三查标准",郝家坡村原有3户地主、3户富农,变成了6户地主、8户富农。这一做法波及临县各地,临县地主户数骤然猛增,占到全县总农户的16.3%。临县不少党员、干部和民兵本来是中农,却被当成地主和富农,列入被挨整、清算的行列。康生还提出揪"化形"地主、挖地主"底财"的口号,指使有关组织刑讯逼供。同时他还认为干部是土改中的"绊脚石",要"踢开",并公开提出"群众要斗干部就让他斗,群众要求开除党籍就开除党籍"。其结果是许多战争年代出生入死、久经考验的好干部错误地被撤销职务、开除党籍,甚至被打致死、致残。5月7日,中共晋绥分局在临县郝家坡村召开土改经验交流会议。会议在康生、陈伯达的操作下,使得郝家坡村土改试点"左"的做法"合法化",土改中的打击面进一步扩大。

1947年4月初,刘少奇率领中央工委从陕北到河北平山县西柏坡途经晋绥边区,听取了康生、陈伯达及中共晋绥分局的土改工作汇报。康生向刘少奇汇报晋绥土改发动群众不彻底、不普遍,甚至指责中共晋绥分局领导在土改工作中思想右倾。对此,刘少奇在几次讲话和给贺龙、李井泉的信中提出,要依靠群众的自发运动,让群众的自发运动形成风暴推动土改运动。中共晋绥分局未能全面正确地理解刘少奇的指示精神,加上康生、陈伯达等人的鼓噪,将晋绥边区土改"左"的偏向推向了极端。

对康生的一套"左"的做法,土改工作团的绝大多数干部起初敢怒不敢言,最后实在看不下去了,纷纷提出质疑、批评,但一次次遭到康生的斥责。在万般无奈的情况下,时任临县县委副书记、主管临县土改工作的冯文耀来到中央后委驻地,向叶剑英汇

土改清算斗争地主版画

报了全县土改工作中发生的问题，同时反映了干部群众要他出面领导纠偏的愿望。叶剑英对临县土改中出现"左"的偏向已有所闻，但当时他主管军事工作，不便过问地方事务。听了冯文耀的汇报后，他感到问题比较多，经请示中共中央同意后，决定召开临县土改纠偏会议。

为了开好这次纠偏会议，叶剑英事先邀请临县副县长刘万山、区委书记刘运通等人在双塔村举行座谈会，并与杨尚昆到农村实地调查，广泛听取群众意见，摸清情况和问题，掌握第一手材料。

1948年2月18日，临县土改纠偏会议在三交镇召开，会议历时13天，参加会议的有土改工作团的干部和临县区、县干部。路经临县的陈毅应邀出席会议，并介绍了山东土改的经验。会议首先由叶剑英作了关于纠正土改问题偏差的报告。他通过分析解放战争发展的形势，深刻阐述了团结大多数人民对革命战争的胜利有着极其重要的意义。叶剑英说，临县在划分阶级成分中，把查历史、查政治表现作为依据，模糊了我们自己的队伍，削弱了我们自己的力量。那种"没有通过民主方式，只通过占少数人的贫雇农的群众自发运动决定阶级成分的作法是错误的"。对孤儿、寡妇、病残者丧失劳动力而雇人种地的，医生、教师、工人、军人请长工耕种的，以及少量雇佣剥削的中农、富裕中农等九种人，提出在制定阶级成分时要"慎重处理"，否则会影响团结，影响部队的巩固。他向大会传达了中共中央关于划分阶级成分和对待各个阶级的基本政策，要求到会人员回去后，对落实土改政策情况认真做一次检查，对的坚持，错的要坚决纠正。

会议期间,叶剑英认真听取各小组的汇报,同大家一起研究各种纠偏的办法。他严肃地批评了土改中乱打乱杀地主、撤换或残害基层干部的错误做法。语重心长地说:"用肉刑是封建时代的东西","我们不能以封建的手段去反对封建"。"决不能乱打乱闹,一定要说理","凡是可杀可不杀的就不要杀","对罪大恶极的有必要杀的,也要经过我们的人民法院,认真讨论,公开宣布罪状,用枪毙的办法就可以,这样杀人对人民有教育意义"。"不要将革命弄成使人们认为可怕的、残忍的现象,那样做会增加革命的阻力,会延长革命胜利的时间"。尤其对基层干部"乱打乱杀"以及"完全撇开"那是十分错误的。"老区的党组织不能认为都是坏的,基本上都是好的"。叶剑英提议由临县司法部门及各区人民法院组织一个专门机构,审理各种案件,对搞错的由政府负责平反,确是罪大恶极的由法庭审判定罪,依法枪决,对假公济私、公报私仇的要严加惩处。

临县三交土改纠偏会议后,临县土改中"左"的偏向迅速得到纠正,各项工作很快走上了健康发展的轨道。许多晋绥老干部和曾被叶剑英挽救过的乡村干部群众,至今回忆起这段历史,对康生推行的一套极"左"政策十分愤慨,对叶剑英坚决贯彻党的土改政策赞叹不已。他们感激地说:当时如果没有叶剑英帮助纠偏,我们这些人早就成了棍棒下的冤魂了。

军工制造

> ## 军工制造

在临县林家坪镇林家坪村,矗立着一座庄严雄伟的烈士塔,这是为缅怀死难的西北军工烈士而修建的。烈士塔高26米,由塔顶、塔身、塔座三部分构成,塔体呈八角形。塔体八面各书塔记、塔志、题词。塔体正面是毛泽东的题词:"为人民而死,虽死犹荣。"中共晋绥分局的题词是:"晋绥工业战线上的死难烈士们,你们因积劳成疾而死,或因工作失误火药爆炸而殒命,都是为了晋绥人民的解放事业,你们的功劳将永垂不朽,晋绥党和群众将纪念你们。"塔志为:半殖民地半封建压迫下的中国人民,在共产党领导下挺身而出,为自己求解放,与敌人奋战光荣牺牲。这些光荣牺牲的同志们,不论事迹的大小,功劳的轻重,都需要被收集起来而流传,借以表扬过去,激励未来。

西北军工烈士塔

　　从西北军工烈士塔的题词中我们不难看出,西北军工的先辈们在物资极度匮乏、条件极其简陋的情况下,以顽强的意志,不屈的精神,不畏牺牲,忘我工作,创造了辉煌的业绩,为中国人民的解放事业做出了卓越贡献,用生命托起了民族的骄傲。

　　1947年3月,胡宗南进攻陕甘宁边区,西北野战军对武器弹药的需求量增大。从哪里来?除了从敌人手里缴获以外,就得靠自己制造了。叶剑英、杨尚昆和时任陕甘宁晋绥联防军司令员贺龙研究认为,晋绥既已成为陕北的后方,理应做出自己的贡献。但是晋绥边区的军事工业,规模不大,条件也差,尤其缺乏技术人员和各种仪器、机械。要有效地支援陕北战争,必须发展军事工业,扩大军火生产。他们想到陕甘宁边区也有军事工业,是抗日战争时期搞起来的,其中有不少人才。目前,他们在陕北已无法正常生产,为什么不把两个地区的军事工业合在一起呢。这样,既能使陕甘宁边区那点家业不致在战火中被破坏,又可以集中人力、物力扩大生产,岂不是两全其美的事!统一意见后,叶剑英、杨尚昆于1947年3月29日致电彭德怀:晋绥军工情况较好,原料充足。为迅速增加生产,急需解决炼灰铁及自制硝化棉,可否将陕甘宁的鼓风机、热风包、打浆机及化学分析仪器分给晋绥。过去晋绥产品已供应陕甘宁炮弹数千,将来要更多供给,非迅速增加生产不可。

与此同时,贺龙也在着手安排扩厂增产工作。他派陕甘宁晋绥联防军工业局局长李强到华北考察军工技术,并向彭德怀、习仲勋报告:将河西的军工厂全部迁到河东,集中两区军工力量发展军火生产,以支援西北地区长期作战。彭德怀、习仲勋觉得叶剑英和贺龙的想法很有战略眼光,大力支持,并致电贺龙:为了加强军工生产,我们已把一部分硫酸、棉药机和化验室经绥德运往黄河东岸,以后请你负责指挥统一生产。贺龙随即组建晋绥工业部,任命蒋崇璟为晋绥工业部部长,李颉伯为第一副部长,具体负责扩大军工生产事宜。

晋绥工业部成立后,将原在陕北的兵工厂全部迁到晋绥边区,延安军工局和所属工厂并入晋绥工业部。晋绥工业部充分利用吕梁山煤、铁等矿产资源优势,扩建改建了10个军工厂,其中,驻扎在临县的有5个,即:军工二厂、四厂、七厂、九厂、十厂。

军工二厂主要是承担复装与生产子弹、雷管和掷弹筒,同时加工"八二"、"一二〇"迫击炮弹和"七五"山炮弹。军工四厂主要是生产硝化棉发射药和硝化甘油炸药,总装手榴弹。月产炸药近万斤,手榴弹2万多枚。军工七厂主要是铸造各种型号的弹壳,供军工二厂、九厂加工。该厂工人刘柏罗、路青设计的炼铁小高炉在招贤镇水源村落成,容积4.22立方米,采用铸铁管式540度大风量鼓风,日产高硅生铁1吨。它的投产开创了晋绥高炉炼铁的历史,使晋绥军工生产的炮弹产量成倍增加。军工九厂主要是总装各种型号的炮弹和手榴弹。军工十厂主要是修理机械、生产马鞍等骑兵装备装具。此外,还建有纺织厂、毛巾厂、皮革厂、肥皂厂等军工企业,职工达3500多名。军工生产初具规模,年产"七五"山炮弹4300多发,"一二〇"迫击炮弹5000多发,"八二"迫击炮弹7.5万发,"五〇"、"六〇"掷弹筒弹头8万发,手榴弹

军工厂使用过的水缸

100余万枚,黑色炸药、发射药、黄色炸药10万余公斤,复装子弹15万发,制皮革10万多张。

1947年3月7日中央军委致电贺龙:望尽量帮助炮弹,用汽车运送军渡(柳林黄河渡口——作者注)。10天内能送多少、盼告。3月8日,贺龙复电:3月上旬可以送出各类炮弹4600发,即日由工厂船运至军渡。5月9日,彭德怀致电贺龙:蟠龙镇战后,山炮、迫击炮弹不足,每炮不足10发,请帮助山炮弹200发,八二迫击炮弹600至1000发。5月10日,贺龙复电:发山炮弹200发,八二迫击炮弹1000发,送到吴堡(黄河渡口——作者注),请令绥德分区负责转运到野战军。此后,贺龙又指示后勤部门送去三批武器弹药。彭德怀经中央军委转告贺龙:炮弹送吴堡甚感激。

炮弹箱

伟人足迹

> 伟人足迹

1947年7月,人民解放军转入战略反攻后,全国革命形势发展很快。刘邓、陈粟、陈谢三路大军在中原地区展开,把战线由黄河南北推进到长江北岸;东北野战军发动冬季攻势,连续解放了许多城市;晋察冀、山东、苏北等野战军也展开了攻势,歼灭敌人大量有生力量。1948年2月29日至3月3日的宜川战役,西北野战军歼敌3万余人,击毙中将军长刘戡,从根本上改变了西北战场的形势。

人民解放军全面战略反攻,国民党军被迫转入"全面防御",从而结束了长期以来人民军队在革命战争中所处的战略防御地位,标志着中国革命战争已经达到一个新的历史转折。

1948年3月初,周恩来向毛泽东建议:"现在全国解放区战

场开始陆续转入战略反攻,形势对我们有利。为了更好地指挥全国的解放战争,党中央应适当时东渡黄河,到邻近的解放区去就近指挥作战"。毛泽东近来也在思考这个问题,周恩来的建议和他的想法不谋而合。党中央能返回延安,从政治上无疑会产生巨大影响。但延安偏居西北,召开一个各大区主要负责人的会议,往来交通就不方便,不利于指挥迅速发展的全国解放战争。想到这里,毛泽东征求周恩来的意见:"你看我们应该转移到什么地方?"周恩来说:"晋察冀比较合适,位置适中,是老根据地,群众基础好,容易保密,也比较安全。"毛泽东赞同地点了点头。

1948年3月10日,周恩来向中央直属机关的全体干部正式宣布:为了准备迎接即将到来的全国范围的胜利,中共中央决定东渡黄河,前往西柏坡与中央工委会合,共同完成夺取全国胜利的历史任务。

1948年3月23日,是个永远值得纪念而令人难以忘怀的日子。这是毛泽东在陕北居住13年后,和他的战友转战山坳峁梁的最后一天,也是开始走向华北指挥夺取人民解放战争彻底胜利的一天。

这天,天气晴朗,春风和煦。陕北吴堡县川口村南园则塔黄河渡口,停靠着几十条大木船,数十名船工已做好一切准备,等待毛泽东、周恩来、任弼时等上船东渡黄河。

考虑到国民党军可能会从西安派飞机进行骚扰,渡河时间安排在下午。在渡口,已经聚集了不少陕北乡亲,他们听说毛泽东要离开陕北,自动前来送行,河滩上、山坡上都站满了人。由于过河后还有一段行军路程,毛泽东等人在河滩上吃了顿简便的午餐。饭后,毛泽东、周恩来、任弼时等人缓步来到河边,他们边走边与人们打招呼,并向远处的群众挥手致意。

陕西吴堡县川口村南园则塔黄河渡口

毛泽东上船之后，船已经离岸很远了，他还不肯坐下休息，挥动着双手向送行的人群致意。突然，他转身对叶子龙说："脚踏黄河，背靠陕北，怎么样，以陕北为背景，给我照一张相吧？"叶子龙忙说："好啊！"说着拿起相机。只见毛泽东站稳身体，整了整衣服，脸上露出庄重的神态。叶子龙选好角度，抓住时机，迅速按下快门，照下了这历史的瞬间。毛泽东笑着说："好啊！把陕北的人民，把黄河的水照下来，这是一个很好的纪念"。

山西临县碛口镇高家塔村黄河渡口

由于此时正值黄河凌汛期,船行至河心时,只见巨浪夹杂着磨盘大的冰块激流而下,木船忽而冲上浪尖,忽而沉落波谷,冰块擦着船舷发出揪心的抨击声。气魄雄伟的毛泽东被这壮观的景象所吸引,若有所思、自言自语地说:"我们可以藐视一切,但是不能藐视黄河。"

船快到岸时,毛泽东再次回望黄河,长叹一声:"遗憾!"毛泽东的这声遗憾,他身边的工作人员后来才明白,原来他是遗憾未能畅游黄河。而这一遗憾着实陪伴了毛泽东一生。

船靠到了黄河东岸临县碛口镇高家塔村渡口,毛泽东上岸后离开河边,来到一个地势较高的地方,眺望着黄河对岸,充满眷恋地说:"陕北人民对革命做出很大贡献,我们是忘不了的。"

在河滩上,中央后委派慕丰韵科长及地方干部专程前来迎接。毛泽东、周恩来、任弼时同他们亲切握手问候。因渡河时,毛泽东的坐骑老青马落水,他就和周恩来、任弼时一行徒步向临县碛口镇走去,直到老青马被救上岸后,赶到毛泽东跟前,他才跨上老青马,沿着岸边古道走进碛口镇五里商街。傍晚时分,毛泽东一行到达入晋后的第一个宿营地——临县碛口镇寨则山村。

寨则山村,坐东向西,依山傍河,与碛口古镇仅一河之隔,它不仅是百里湫水河南端通道的"瓶颈",而且在碛口未兴起前,一直是碛口地区最早的商贸集镇,历来为兵家之扼要。毛泽东居住的窑洞土改前是碛口大地主陈懋勇宅院,土改后改为工读学校。"陈懋勇宅院"分上下两院,建筑精巧、坚固,全宅共有窑洞、房子50余间,另有马棚一处,四周围墙全部为石砌构筑,易于防守。到达驻地后,毛泽东立即让工作人员找来村长兼党支部书记陈斌、农会会员张茂福等进行座谈,了解临县旱灾、当地土改和整党情况。座谈会后,毛泽东又挑起夜灯看起报纸和有关资料,直到天快亮时,他住的那孔窑洞的油灯才熄灭。

出于安全考虑,毛泽东到寨则山村的消息是绝对保密的。因此,当毛泽东到达寨则山时人们并不知道,全村显得很平静。但会见村干部和群众代表后,消息不胫而走。第二天一大早,全村人不约而同来到毛泽东的下榻地、进出村的必经之路——打谷场,都想亲睹毛泽东的英容。中午时分,周恩来来到院里,见到毛泽东的警卫阎长林,问:"主席起床没有?"阎说:"他一直到天亮才睡,可能累了,还没有起床。"周恩来嘱咐道:"先别叫醒他,让他多休息一会,你们告诉机关领队的,他们可按时出发。"当毛泽东起床后,一看太阳已偏西,就严肃的批评阎长林:"告诉你12点叫我起床,你为什么不叫?"阎长林忙解释说:"周副主席已安

毛泽东路居寨则山村窑洞(左二)

排好,留下的人什么时候出发都可以。"

在打谷场等候了半天的人们保持着极高的兴致,他们尽管相互议论着,但眼睛却都盯着毛泽东居住的院大门。忽然,随着警卫人员的出现,毛泽东终于来到大门口,等待的人群顿时一片欢呼雀跃。只见毛泽东身穿一身褪了色的灰色旧棉衣,头戴一顶带耳的棉帽,脚穿布鞋,手持一根柳木棍走向群众招手致意。群众高涨的情绪和真挚的感情感动了毛泽东,他停下来微笑着用厚重的湘音说:"谢谢乡亲们,还是让我女儿给大家唱一首歌吧!"只有八岁的娇娇(李讷)在父亲的许诺下,站在打谷场的碾盘上,唱起了陕北民歌《山丹丹花开红艳艳》。随后欢送的人群噙着热泪,簇拥着毛泽东依依不舍的送到村外,一直目送着伟人的背影渐渐离去。

从寨则山村到第二个宿营地——中央后委驻地三交镇双塔村大约有20公里的路程。在毛泽东的提议下,大家徒步前行,一路欣赏着湫水河风光。路经林家坪村时,毛泽东视察了西北军工烈士塔。天快黑时,一行人与前来迎接的杨尚昆会了面(叶剑英此前已前往西柏坡)。在杨尚昆的陪同下,当晚住进了双塔村。

晚饭后,杨尚昆陪同毛泽东一行在双塔村转了一圈,看了中央后委机关驻地,之后大家一起来到毛泽东住的窑洞,研究讨论行军路线等问题。最后决定在双塔村休整一天,第二天下午召开一次有关部门和当地县、区干部参加的会议。并定下中央机关的行动计划:毛泽东、周恩来、任弼时乘汽车前行,同中央前委一部和警卫团一部走一路,前往兴县蔡家崖;中央前委的其他人员和中央后委最后一批人员,由杨尚昆率领,徒步行军前往西柏坡。

会议结束后,毛泽东又亲切接见了临县方面的负责同志。

3月25日上午,毛泽东和周恩来召集中央土改工作团和三交区委负责人进行座谈,听取了汇报,给与会人员每人发了一本《怎样分析农村阶级》的小册子,教育大家要继续贯彻中央"十二月会议"精神,搞好土改工作,坚决纠正土改工作中"左"的偏向,为"打到蒋介石,解放全中国"做出贡献。座谈会结束时,毛泽东十分关切地询问了当地群众的生活状况,深情地说:晋绥边区人民在抗日战争和解放战争中是出过力、有过贡献的,现在老区人民遭了灾,其他地方少用些,机关节省些,一定要把老区人民的生产和生活安排好。最后再三嘱咐大家:一定要组织好生产自救,安排好群众生活。

毛泽东路居双塔村窑洞(中)

3月25日下午,周恩来主持召开了由中央前委、中央后委机关全体人员和临县县区干部参加的动员大会,周恩来作了行军动员,他说:"这次我们离开晋西北到河北平山去,到了那里中央机关就会合了,彻底打败蒋介石、解放全中国的日子就不远了!"任弼时也讲了话。与会同志热烈鼓掌,要听毛泽东讲话。毛泽东大手一挥,像发表宣言似的大声朝大家说:"同志们,行军是艰苦的,可前途是光明的!"会场里又是一阵长时间的掌声。这时不知道什么人在队伍里大声说了一句:"一年多没有听毛主席讲话了,请主席多讲几句。"话音一落又是一阵激烈的鼓掌声。毛泽东也被这热烈的气氛所感染,他充满激情地说:咱们都是转战陕北的战友啊,大家同甘共苦患难一年多,你们帮助我们做了许多事情,还要好好谢谢你们。你们记得吗?那次十几天的急行军,走了几百里、上千里的路程,打了沙家店我们翻过了山坳,渡过了最困难的时期,将陕北战争的主动权掌握在我们手里。我们现在要到河北去,还是要翻山越岭,还要经过最高山脉,路上还有敌人,虽然我们有部队掩护,主动权掌握在我们手里,敌人不敢轻举妄动,但我们仍要提高警惕,不能粗心大意。到河北平山一带,那里条件要好一些,对指导全国有利,所以我说行军是艰苦的,可前途是光明的。翻过太行山这个最高山坳,我们也将渡过最困难的时期,所以就越来越好了。全国的胜利很快就要到来,同志们努力吧!"

3月26日10时左右,毛泽东、周恩来、任弼时各乘一辆吉普车,电台和警卫人员分别乘卡车离开了双塔村,取道白文、康宁,直奔中共晋绥分局和晋绥军区司令部所在地兴县蔡家崖。

　　从1947年3月18日撤离延安到1948年3月23日离开陕北前往河北平山县西柏坡,毛泽东、周恩来、任弼时率领中央前委机关,在极其艰险的环境中转战陕北,前后长达370天,行程1000多公里,先后居住过12个县境内的38个村庄。在这一年多的时间里,中共中央、中央军委和毛泽东一直战斗在陕北,极大地鼓舞了陕甘宁边区和各解放区军民的战斗意志,坚定了胜利的信心。在陕北转战期间,毛泽东不仅指挥西北野战军的作战,粉碎了国民党军队的重点进攻,而且领导了全国解放战争的发展,为人民解放军从战略防御转入战略进攻创造了极有利的条件,正可以说是用延安换取了全中国。

毛泽东途经临县路线图

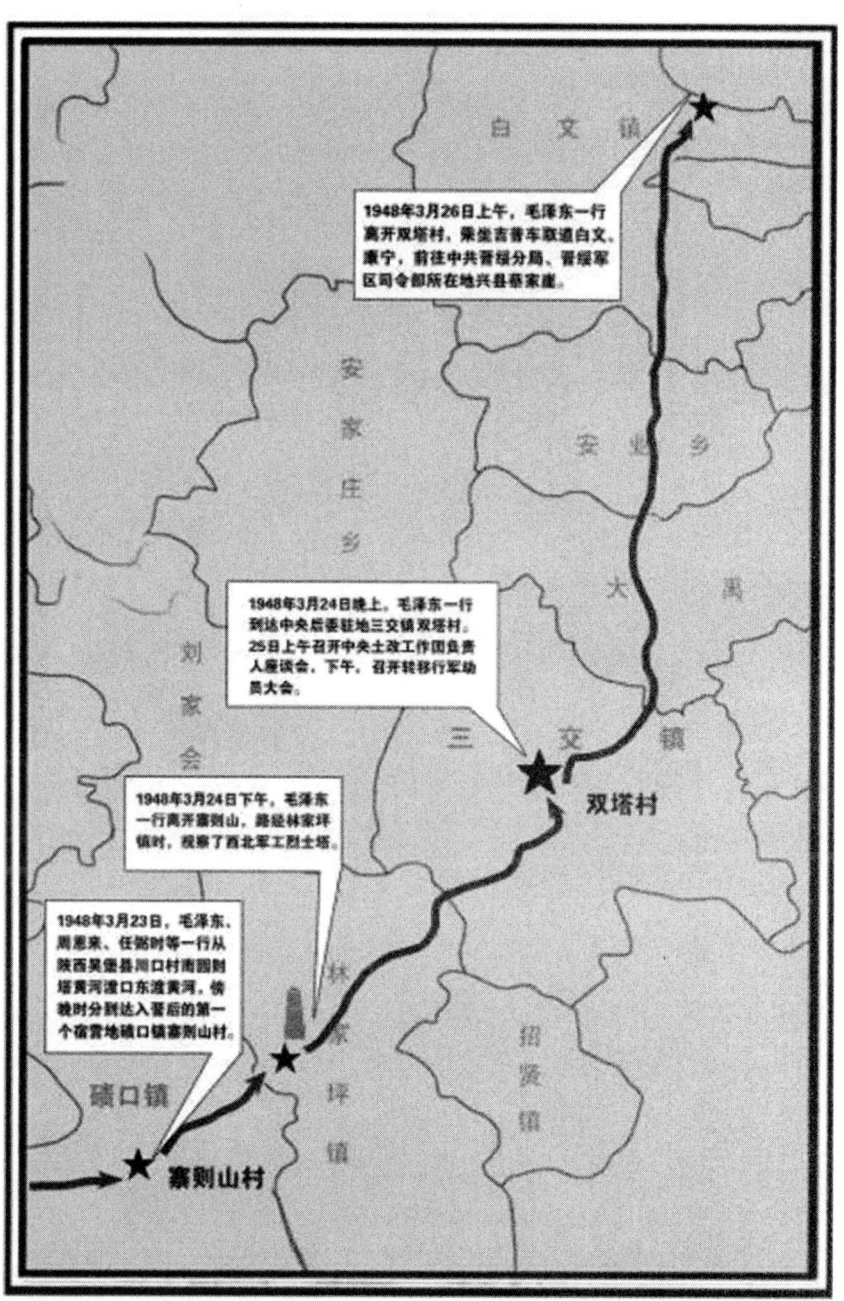

惜别临县

> ## 惜别临县

历史进程的发展速度,有时超出人们原来的预料。在日本投降后的一个时期,中国共产党在决不放松武装自己的条件下,曾经想用和平的方法实现建立新中国的目的。但蒋介石不顾一切地破坏中国共产党和中国人民所有争取和平的努力,而以空前的内战灾难强加到人民头上。全国内战爆发后,中国共产党最初提出的依然是"武装自卫"的口号,并曾尽力挽救和平。蒋介石却在不断扩大内战规模的同时,以召开"国民大会"、通过"宪法"以及迫使中共代表撤离国民党统治区等办法,关死一切和平谈判之门。1947年7月,国民党政府实行"戡乱总动员",以立法的形式表示同中国人民的最后决裂。蒋介石搬起石头砸了自己的脚。他给全国各阶层人民只留下团结起来打倒蒋介石这一条路。正

如毛泽东所说:"政治方面,人心动向变了,蒋介石被孤立起来,群众站在我们这边。"

在军事上,人民解放战争全国规模进攻的总态势已经形成。转入外线作战的刘邓、陈粟、陈谢三路大军完成了在中原的战略展开,开辟了西起汉水、南临长江、东依津浦路、北至陇海路,拥有3000万人口的中原新解放区。在内线作战的西北、华北、东北、山东、苏北等战场的人民解放军,同时转入战略反攻和进攻,收复了大片失地,扩大了解放区。过去的一年人民解放军歼敌112万,国民党军从430万降到373万,其中正规军180万降到150万。人民解放军由110万增加到195万,其中主力部队有90万,敌我力量对比进一步发生了有利于我、不利于敌人的变化。这一时期,人民解放军的武器装备进一步改善。到1947年11月底,全军拥有长短枪63.1万余支,各种机枪4.6万余挺,各种火炮9338门,掷弹筒8913具,枪榴筒895具,坦克32辆。而且后方更加巩固,解放区支援战争的力量更加雄厚。各老解放区、半老解放区和部分新区开展了轰轰烈烈的土改运动,极大地提高了农民发展生产与支援战争的积极性,从而为人民解放军进一步发展战略进攻创造了有利条件。

在这历史转折的大背景下,为了迎接更大的胜利,1947年12月,中共中央在陕北米脂县杨家沟村召开扩大会议,史称"十二月会议"。会议讨论了毛泽东提交的《目前形势和我们的任务》的书面报告。同时酝酿了中央后委"转移西柏坡与中央工委会合"的问题。

1948年1月20日,叶剑英、杨尚昆接到周恩来、任弼时来

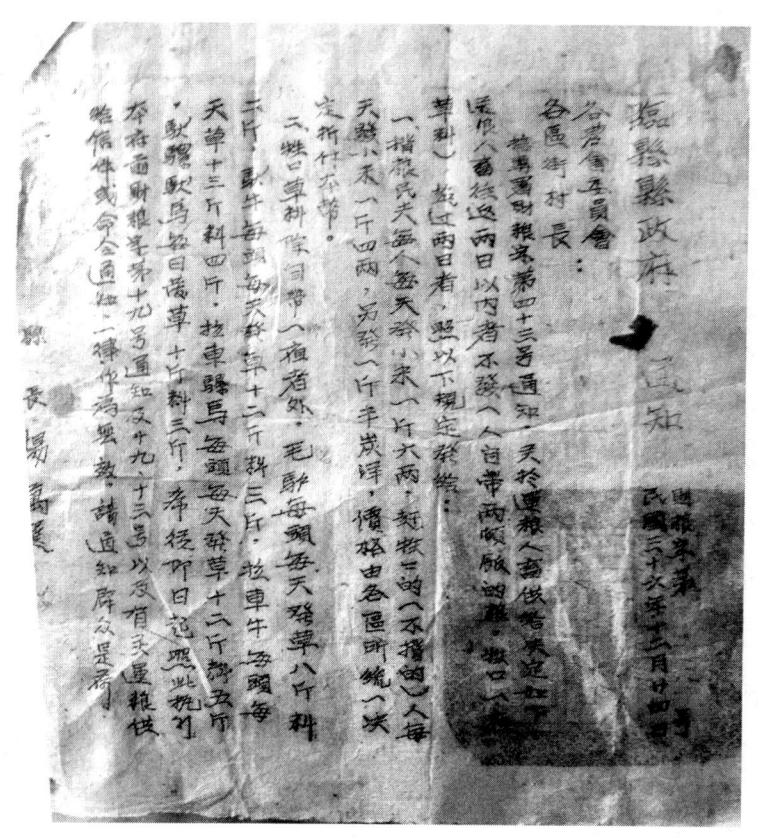

临县县政府发布的征用骡马车的通知

电:后委的迁移照原意不变。望依据你们计划进行,3月中旬开始行动。叶剑英、杨尚昆立即组织转移的各项准备。

与撤离延安时的情况不同,这次由临县转移西柏坡,是在中国革命进入一个新的历史转折点后,中共中央和中央军委的一次战略性转移。叶剑英、杨尚昆高度重视,在转移动员会议上,叶剑英指出:中央、军委机关的这次转移是党中央和我军统帅部的重大行动,必须切实做好保密工作和安全工作。他对电台通联保密、机关行动保密、文电保密、档案的安全护送、行军的安全和遵守群众纪律等问题,提出具体、严格的要求。并强调,转移过程

中,中央军委各级的业务一刻也不能间断。各级必须周密组织,妥善安排,严格值班,分梯次转移,严防贻误战机。

为了更加周细的做好转移工作,中央后委派中央军委第三局局长王诤到河北平山县西柏坡与中央工委接头,预先布置通信等转移事项;派中央供给部范离到晋绥军区和晋察冀军区接洽,商定运输力量和沿途食宿问题。最后经中共中央和中央军委批准的转移计划是:行军路线:分南北两路。北路经兴县、岢岚、五寨、神池、代县到聂营,走大车;南路经岚县、静乐、轩岗到崞县(今原平市崞阳镇),走牲口与小队人员。运输安排:由南北两路分段运输。晋绥军区调驮骡200头,毛驴150头,大车20辆;晋察冀军区调驮骡250头,大车75辆,担架50副,另准备一部分机动牲口备用。沿途接运:北路有兵站可用,南路由晋察冀军区设7个接应站,即:聂营、岩头、郭家庄、东路村、陈家庄、鱼枣口、弓上以南。岚县、静乐、聂营为休息站;聂营为两区联络站。每站由中央局派两人、晋察冀军区派一人、中央工委派一人、当地派干部一人,负责组织协调。供给保障:南北两路的供给,由晋绥军区保障食物,由晋察冀军区在每个接运站派出伙夫保障炊事,伙食一律按中灶标准执行。晋币换冀币按3比1兑换,单鞋补充在聂营站组织。行动计划:北路走大车,每天以10辆车为限;南路走牲口与小队人员,每天以不超过500人为限。人员安排:1月份走400人,主要是第二、三局的先遣人员和器材;2月份走520人。其余人员由杨尚昆率领于3月底开始分批出发。电台开设:在西柏坡开设基地台,在聂营开设中继台,情报、城工等电台接力转移,确保联络不间断。

为了给中共中央和中央军委"打前站",使转战陕北的中央前委和驻临县的中央后委各部门转移到西柏坡后能立即安顿下来展开工作,并对安全工作预作安排,1948年3月12日,叶剑英带领李涛、李克农及部分工作人员离开双塔村,数日后到达河北平山县西柏坡。杨尚昆留在三交做结束工作,并于1948年3月26日,护送毛泽东、周恩来、任弼时进发兴县蔡家崖后,于3月底开始,组织转移人员分批出发,前往河北平山县西柏坡。

转移西柏坡途中的洛杉矶幼儿园

杨尚昆在回忆录中讲述了这段转移历程:3月底,毛泽东、周恩来、任弼时离开三交后,我组织后委机关和其他机构分批出发。行前商定,由作战部二局的谢逸志率一个组打前站,一局的张一民带一个组殿后,沿途检查行军纪律。人员按单位编组,一

般干部和战士自背行李步行;中级干部和体弱的人员骑马或毛驴,也有的乘坐驮轿;儿童乘马车或坐在柳条筐里,一头毛驴驮两个。沿途每隔五六十华里,由军区设一个兵站,负责安排转移人员的食宿和骡马的草料。……一路上捷报不停地传来:华东野战军解放了威海,中原地区我军再克洛阳、收复偃师、许昌。4月22日,消息传来,我军收复延安,就在一片胜利的喜悦中,我们到了西柏坡。……毛泽东、周恩来、任弼时一行,4月13日到达晋察冀军区所在地阜平县城南庄。10天后,周恩来和任弼时先到西柏坡,毛泽东在城南庄住了一段时间后,于5月27日转移西柏坡。

至此,中央前委、中央工委、中央后委分离一年后,在西柏坡实现了历史性会合,中共中央5位书记又重新聚在了一起。1948年5月23日,中央书记处办公厅发出《关于撤销中央工委和中央后委、调整中央及军委各部门负责人的通知》。通知指出:中央与军委各机关现已会合,经中央书记处决定,原中央工委和中央后委两组织即行撤销。

中央后委转移行动开始后,临县人民怀着依恋的心情,自发前来送行。每一个驻地的村口、路口和河滩上、山坡上,每天都站满了人。欢送的群众有的送上红枣,有的送上鸡蛋,依依不舍,含泪话别。

就要告别临县了,叶剑英、杨尚昆等人的心情也是不平静的。1947年3月来到临县,在一年多的时间里,临县人民朴实善良、吃苦耐劳的美德,临县人民风雨维艰、支援革命的壮举,深深地印在了中央后委每一个人的心里,成为永远的惜念。

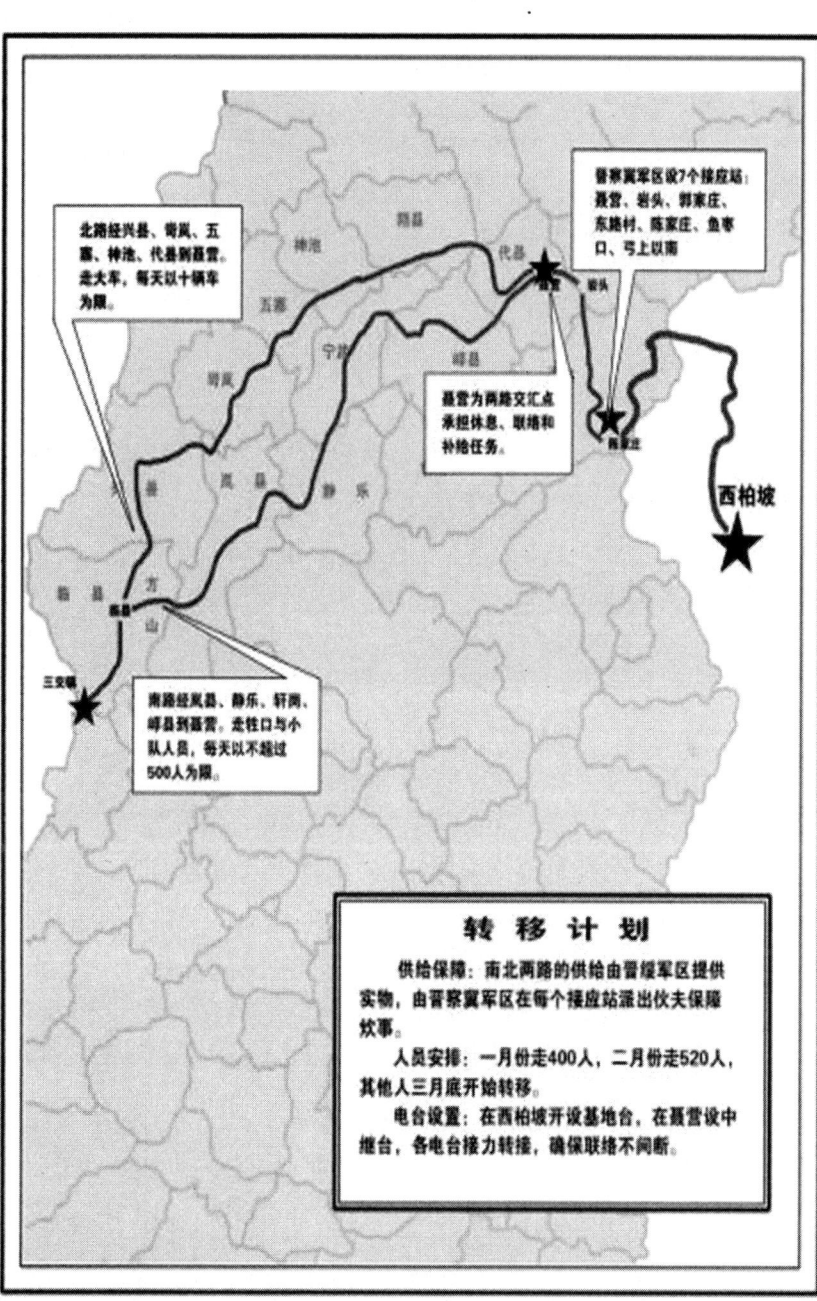

湫河记忆

湫河记忆

临县湫水河

中央后委在临县三交镇的一年中,与临县人民结下了深厚友情,湫水河两岸留下了许多脍炙人口的佳话,至今久久传颂,成为一代人难忘的记忆。

毛泽东看望老侯 老侯名叫侯登科,是一位走过长征的红军战士,年龄比毛泽东还要大几岁,早在长征中就为毛泽东喂马,一直跟随着毛泽东,从江西瑞金走到陕北,和毛泽东有着深厚的感情。

1948年3月23日,毛泽东等中央领导离开陕北,东渡黄河,进入临县,当晚住碛口镇寨则山村。24日移驻中央后委所在地三交镇双塔村,25日下午,毛泽东走出房门散步时对警卫员说:"走,我们去看看老侯"。警卫员早就知道毛泽东对老侯的感情很深,便紧跟着来到老侯喂马的住处。老侯见到毛泽东来看他,高兴的迎上来。毛泽东对老侯说:"老侯,转战陕北你辛苦了,明天我就不骑马了,要坐车走了。你要跟随中央机关行军,就骑上我的马走吧。"老侯说:"主席,你的马我不能骑。"毛泽东说:"你年岁大了,身体又不好,行军困难,就骑上它吧,我会与你的领导说的。"毛泽东与老侯又攀谈了一会才告别。毛泽东离开时,老侯默默地一直送出了院门。

毛泽东是中国人民的伟大领袖,他的心里总是时刻装着人民,装着每一个普通的干部和战士。这样才动员和感染了每一个干部战士,组成浩浩荡荡的革命大军,取得中国革命的伟大胜利。

叶剑英节水打井 1947年6月,临县久旱无雨,地里的庄稼都被晒黄,老百姓吃水都很困难。流经双塔村的湫水河也已断流，只在河滩凹的地方有一些积水，里面游荡着一些小鱼和泥鳅，警卫员们商量搞一次联合行动，用脸盆将积水淘空，用床单当渔网将水里的小鱼、泥鳅捞上来，准备给首长们改善伙食。

　　正当大家干的兴高采烈时，叶剑英来到了河滩。他老远就喊："快停下来！"大家都从水坑里爬上来，立正站在一边。他指着干旱的田地说："你们这些小鬼，只想着照顾好首长，怎么不替群众想一想？天这么旱，老乡们都在挑水浇地，水对老乡们是多么宝贵啊！你们为抓几条小鱼，把这么一坑水掏在河滩上是多大的浪费啊！"说完叶剑英环视了一下河滩上的几个水坑，又看到远处有人在水坑边洗衣服，就对卫士长说："回去请行政处通知大家，在抗旱期间，不要到村边的水坑里洗衣服。衣服脏点有什么关系，把水搞脏了，老乡怎么浇地呢？"临走时，他又语重心长地对警卫人员讲，"大家都是农村出来的，都应该知道水对农业的

叶剑英在双塔村打的水井

重要,地里没有水,怎么能长起好的庄稼来呢?庄稼长不好,就不可能有好收成,农民还怎么能够多打些粮食送前方?"大家听了叶剑英的话,都后悔自己做了损害群众利益的事。

一天早上,叶剑英在村外散步,看到群众排着长队,一次走下九级台阶,在一眼流量很小的泉水坑里舀水。水少人多,泥泞路滑,脏水又流入水坑。叶剑英看到这种情景,心情久久不能平静。他对身边的工作人员说:"根据地的乡亲多么好啊!他们生活这样艰苦,还无私的支援革命。"他立即让中央后委机关的同志请来正在挖防空洞的石匠,帮助乡亲凿石引水,修筑新井。叶剑英还抽出时间和大伙一起搬石头、垒井台,经过连续五个昼夜的奋战,修筑一个新井。泉眼里涌出股股清凉可口的泉水,除满足全村人畜吃水之外,还能浇灌水井周围的菜园。群众吃着甜井水,都称叶剑英是"活菩萨"。

习仲勋给娃剃头　　1947年3月,中央后委进驻临县。8月间,中共西北局和陕甘宁边区政府东渡黄河,移驻临县。习仲勋时任中共西北局书记和陕甘宁晋绥联防军政委,住在临县林家坪镇南圪垛村。习仲勋住村后,在繁忙的党务、政务、军务之余,经常到田间炕头访贫问苦,与群众唠家常,还帮助村民挑水、扫院、干农活。

南圪垛村刘金顺老人回忆说,习仲勋来临县时我才11岁,他就住在我家的院子里,他非常关爱我。由于当时生活艰苦,家里缺吃少穿。每到吃饭的时候,习老就喊我小鬼,经常给我吃好吃的,还给我吃过铁桶牛奶。有时去看电影时,习老还把我抱在怀里,对我非常疼爱。特别让我终生难忘的是习老还给我亲自剃过头（理发）。那时，由于生活贫苦，父母连生活的营生都顾不过来，我的头发都是三月两月剃一次，经常是乱糟糟的。习老住我家后，经常给我剃头，还给我头上留三个小辫子。习老说："小鬼，头上留个小辫子好看！"我也经常在同伴们面前炫耀说：这是中央的大官给我剃的头。刘金顺老人每每说起习老的故事，都是眉飞色舞，津津有味，话语中带着一种强烈的自豪感。

续范亭铲除恶霸　　续范亭，山西定襄人，早年追随孙中山参加同盟会和辛亥革命，历任国民军第3军第6混成旅旅长、西安绥靖公署甘肃行署参谋长、新1军中将总参议等职。1935年12月26日，在南京中山陵以剖腹自杀抗议和反对国民党政府的卖国行径，后遇救。西安事变后响应中国共产党的号召，回到山西推动抗日救亡运动。抗日战争时期，历任第二战区战地总动员委员会主任委员、陆军暂编第1师师长、山西新军总指挥、晋

都督村续范亭旧居

绥边区行署主任、晋绥军区副司令员等职。1945年被推选为中国解放区人民代表会议筹委会副主任。1947年9月12日,因病去世。

1941年春,续范亭从晋绥到延安养病。1946年冬,中共中央机关开始从延安疏散转移时,毛泽东亲自到医院劝续范亭转移到临县临泉镇都督村。

续范亭时刻关心国事,注重民生。他在都督村养病期间,得知碛口附近有个乡村恶霸叫陈深大,无辜伤人性命,横行乡里,但村干部却包庇坏人,群众无处申冤时,便给时任临县县长的杨万选写了一封信。信中说:"我从各方面了解到,陈亭甫(陈深大的父亲)家不法事太多了……这种民情势利无耻不法极矣。宜急有所纠正,而痛加改变此恶劣风气。……临县大县要做模范,先把不平的事办上几件,昭告全县,万勿再取姑息办法以了事为目的,而不以建立良好民主做法为目的。"之后,续范亭多次派人督查,在他的强烈干预下,陈深大被绳之以法,为民除了一大害,受到群众拍手称赞。

谢觉哉立碑挂匾　1947年3月,谢觉哉和中央法律问题研究委员会(简称法委会)的同志住进临县临泉镇的后甘泉村。当时后甘泉村正在开展土改,村里以"左"的做法对待地主、富农,以致伤害中农,造成政治上和经济上的不良影响。

后甘泉村有位革命烈士叫郭维昌,1938年参加八路军,1940年加入中国共产党,1943年担任晋绥六分区武工队五大队政委和宁武县六区区长,带领武工队收复行政村几十个,攻克敌人碉堡10余座,1944年在晋绥边区第四届群英会上被评为二级战斗英雄,1946年5月28日在宁武岔村与敌人相遇,毙敌数人,最后饮弹牺牲。郭家本来比较贫困,在郭牺牲后,政府发给一些抚恤金,其父郭俊兴用这些钱做点小生意,家境有所好转。1947年冬土改时,后甘泉村把郭维昌烈士的家庭定为地主成分,没收了他家的三孔窑洞和全部财产,家属被"扫地出门",烈士纪念碑和牌匾被砸烂。1948年3月,谢觉哉发现了这个问题,便亲自出面解决,他让区干部为郭家平反,将原来错定的地主成分改为中农,把分掉的财物退还,重新树碑挂匾。区干部办好了前三件事,留下为烈士树碑挂匾拖着不办。当时谢觉哉和"法委会"全体人员要转移西柏坡,谢觉哉为在走之前把郭维昌烈士的碑树起来,亲自找区长做思想工作,并亲笔题写了"郭政委维昌烈士之墓",撰写了"骨是忠的,土是香的,香土埋忠骨"的碑文。他亲眼看到石碑树好,牌匾挂好,才离开后甘泉村。村里群众非常感动,至今提起此事都说谢老是为民办实事的好干部,是我们党坚持实事求是的楷模。

郭维昌烈士墓

李鼎铭对唱秧歌　　李鼎铭是民主人士,对教育、哲学、医学

曲峪村李鼎铭旧居

都有很高的造诣,1941年夏,他在陕甘宁边区参议会第二届会议上提出"精兵简政"的议案,得到毛泽东的支持,中共中央的认可。1947年8月,陕甘宁边区政府迁来临县,先驻碛口镇高家坪村,后李鼎铭迁住黄河岸边的曲峪镇曲峪村。李鼎铭有着崇高的声誉,又是陕西米脂人,与临县隔河相邻,一些民情风俗很相近。因此,驻地的群众跟他很亲近。

有一次,临县著名秧歌伞头(手执花伞领头舞蹈和演唱者)高万青与李鼎铭相遇,二人谈到秧歌的话题,李鼎铭说:"我们米脂也有伞头秧歌,也有即兴演唱的习俗。"高万青喜逢知音,于是二人就对唱了几首歌。

  李:千里华山是文峰
    文王武王两圣人,
    西望长安风景好
    自古人物出西秦。
  高:九曲黄河为砚池
    大尧大禹在山西,
    解州关公奇男子
    则天皇帝生文水。

李鼎铭跟高万青对唱秧歌的事,一时传遍湫水河两岸,人们对李鼎铭更加崇敬。

李伯钊关心妇女 李伯钊是杨尚昆的夫人。1947年3月,时任中共中央办公厅直属机关党总支书记的李伯钊,随中央机关转移临县,住在三交镇双塔村。

李伯钊到双塔村后,了解到这里的妇女不仅受着封建势力的残酷压迫,而且受尽了没文化、不讲卫生和各种疾病折磨的痛苦,她深深为这里的妇女们担忧,她决心要为妇女办三件事。第一件事就是办妇女识字班。她认为这一切落后现象都是没有文化造成的,要想妇女真正解放,必须识字学习文化。在她的奔波下,双塔村办起了四个"妇女识字班"。开始没人敢来,认为是抛头露面,不雅观,通过她苦口婆心做工作,识字班才红红火火的办起来,而且还培养了不少妇女干部。第二件事就是办妇产院,培养新法接生员。李伯钊在双塔村期间,深感群众缺医少药的痛

妇女识字班

苦,特别是旧法接生给妇女儿童带来的伤害,令她十分痛心。于是她又东奔西走,经过多方筹措,在双塔村办起了临县第一个妇产院,并举办了好几期新法接生培训班,为双塔村及附近的村子培训了几十名接生员,并向她们传授了简单的妇女疾病防护知识。第三件事就是办幼儿园。妇女们有了文化,掌握了防病知识,身体状况和精神面貌有了很大改观。可是有的妇女生育过多,孩子成群,束缚了参加各项社会活动的手脚。为了彻底解放妇女生产力,把妇女们从"整天围着锅台转,后炕圪佬把孩看"的家庭琐事中解放出来,同时也为了更好地培养和教育下一代,在李伯钊的帮助下双塔村又办起了一所幼儿园。她还用自己的钱购买了玩具送给幼儿园,并利用闲暇时间去幼儿园和孩子们做游戏。这个幼儿园办得很好,1958年还受到国务院的表扬。

王大夫抢救女童　　王大夫名叫王文修,是延安中央医院的西医大夫。1947年6月,中央医院由陕北转移临县青凉寺乡梁家会村。当时中央医院有来自美国、英国、德国以及加拿大等国的医生,其中有我国著名的西医大夫王文修。梁家会村中央医院,专门负责救治重伤病员,相邻的下白塔村、寺沟村、青凉寺村分别设了第一、第二、第三医疗所,救治一些轻伤病员。医院驻村后,受到群众热情接待与支持,大家自发地两三户并一户,腾出了百余孔窑洞供医院使用;医院没有燃料,群众驴驮人背把煤送

王文修烈士墓

了过来,还把自己产的粮油蔬菜鸡羊豆腐送来。

群众来医院看病,一律不收钱。特别是王文修大夫不但医术高明,而且给老百姓看病非常热情,有时还抽出时间到群众家中巡诊。一次,弯里村有一个12岁的女孩被狼叼走,被村里的一条牧羊犬追下,但脖子已被狼咬烂,血流不止,生命危在旦夕,情况异常紧急,女孩的父母亲更是焦急万分,把女孩送到了中央医院。当时,王大夫因长期操劳,积劳成疾,重病在身。但他得知情况后,硬是拖着虚弱的身体,亲自为女孩做了手术,凭着他高超的医术拯救了女孩的生命。此后不久,王文修大夫因病逝世,被安葬在梁家会村的后山上,村里还立了墓碑。直到现在,每逢清明节,梁家会村的村民还总要到坟前祭奠这位活在大家心中的好大夫。

不朽精神

> **不朽精神**

中央后委在临县三交镇留住期间,正是晋西北遭受灾害,生活极度困难时期。但军民同甘苦、共患难,团结互助、攻艰克难,渡过了艰难的岁月,创造了不朽的精神。

中央后委转移临县三交时,遇到的第一大问题就是住房。中央后委初期为3423人,以后达到5500余人。为了能让中央后委机关和部队住下来,湫水河沿岸的群众主动腾房、腾窑、腾院。老百姓一家两个窑洞的,就腾出一个,能投靠亲友的,把整个院子都腾出来。有的老乡把准备给儿女结婚用的新房腾出来,并留下桌椅板凳方便中央后委使用。临县林家坪村村民林凤阁回忆说:部队从陕北过来后,送水的群众一个排一个,男的女的都端着水给部队的同志喝。部队要在村子住,群众就把窑洞和房子打扫得干干净净的给部队住。后甘泉村村民薛永明回忆:"我们村来了中央第七大队(法委会),村里把孙家沟(村里地名)全部腾出来,共50多孔窑洞,让部队住。"三交镇中庄村村民段富润讲述:那时常来部队的人"号地方"(指租房子)。村干部领上部队的人,走到谁家门前,用粉笔写上个字,就算"号"了谁家的房。那时人们都很穷,家里也没有什么摆设,腾起来非常容易。时任中央机要处译电员徐爱民回忆说:进驻孙家沟村后,一切生活用品都是老百姓给我们的,吃饭的那套锅碗瓢盆,包括扫帚、挑水的水桶,都是老百姓支援的。我们没有办公桌,群众就把炕桌、小板凳、小条凳、小煤油灯给我们,甚至是我们打水的盆,一切都是老百姓给的。有了群众的关心和支持,我们在那里的工作很顺利。

中央后委在三交期间,粮草供应也主要靠临县,具体标准

中央后委使用过的煤油灯树

是：每人每天供应粮食1.5市斤，骡、马（按250计）每头日供草15市斤、料10市斤。后甘泉村住的大都是老弱妇幼人员，供应粮种主要是白面和小米。时任临县县委副书记冯文耀回忆说：当时临县22万人，一年要征收公粮9.86万石（1石约300斤）。

为了保证中央机关的安全，临县也做了很多工作。冯文耀回忆说：1947年3月的一天，中央社会部二室主任方志纯通知我说，中央机关的大部分人要住在你们这里，有好多中央领导的安全更要注意。方志纯是中央社会部专管中央保卫工作的。我立即找县公安局长来一起商量，一起想办法，一起察看地形，像叶剑英、杨尚昆住的地方，方志纯都要亲自去查看。凡是部长以上领导住的地方我们都要去做安排、做了解，而且还要告给村里党支部，主要依靠他们负责，因为村里谁好谁坏党支部都知道。在中央后委领导人住的村子里，咱们公安局经常有侦查人员在周围了解情况，做保护工作。后委在临县整整住了一年，一点事儿也没有发生。《临县军事志》记载：湫水河沿线的山头上设了民兵观察哨，安装了防空警报，并在碛口、安业、八堡设立了检查站，来往行人一律凭路条通行。晋绥公安局还安装了专线电话，要求临县公安局每隔3天汇报一次。县武委会组织民兵在湫水河沿岸巡逻放哨，并把碛口、三交一代的地痞流氓和干过坏事的人全部监管起来，以此保卫中央后委的安全。双塔村的民兵还配合警卫部队，在村西小沟挖了一处能容纳百八十人的防空洞，防止敌机空袭。

为了减轻临县人民的负担，中央后委号召大家勤俭节约，自力更生。1947年5月11日，叶剑英、杨尚昆致电中共中央，报告中央后委的供给办法和标准：保留大中灶，取消小灶、特灶。原吃小灶、特灶人员一律改为中灶。少数年老体弱急需要特殊照顾者，由供给部加以补助。大灶标准，每月肉1斤半，油1斤，菜30斤，盐1斤，炭45斤。中灶肉3斤，油1斤半，炭30斤，全归晋绥解决，特别补助归供给部负担。……一般人与技术人员津贴，按晋绥六等加以缩减，分三等发给小米24斤、18斤、12斤。各机关拟逐渐恢复豆腐房、磨坊、养猪等。

这份供给标准显示，中央后委驻扎临县后，取消了小灶和特灶，降低了伙食标准，但就是这样也经常保证不了按标准供给。双塔村村民刘伯希回忆说：后委首长的生活很简朴，每天吃的是小米饭、土豆片，炊事员经常上山捡地皮（黑木耳类）、挖苦菜（一种野菜）、打山鸡来改善生活。歧道村村民刘奴香回忆说，我们村住队伍时，我才十多岁。部队一天两顿饭，一般吃的是焖饭，菜很简单，山药片片或煮白菜。时住后甘泉村的谢觉哉儿子谢飘回忆

战士们在点汽灯

说：当时老百姓生活很差，吃的是山药蛋，糠炒面。我们吃的是小米钱钱饭（"钱钱"就是将黄豆煮到半熟时压扁，形似古代铜钱，故称"钱钱"。用小米和钱钱煮成的饭，就叫小米钱钱饭。），没有什么菜。陈毅去陕北开会路经临县，杨尚昆招待他吃小米粥，陈毅开玩笑地说："不给老兄打牙祭吗？"杨尚昆说："本该杀猪宰羊给你吃，可是没钱呀，小米粥我们也不经常吃。"当时因工作繁重，营养不良，很多人累倒病倒。中共中央为此还专门致电叶剑英、杨尚昆，提出对一部分身体病弱的电讯业务人员和少数体弱的基层干部，发给特别健康补助费，"方能保持长期工作下去。"此项照顾应打破"平均主义"，"并不机械以职位为标准"。根据中共中央的指示，中央后委想方设法给电讯人员"每月每人补助3斤猪肉"。

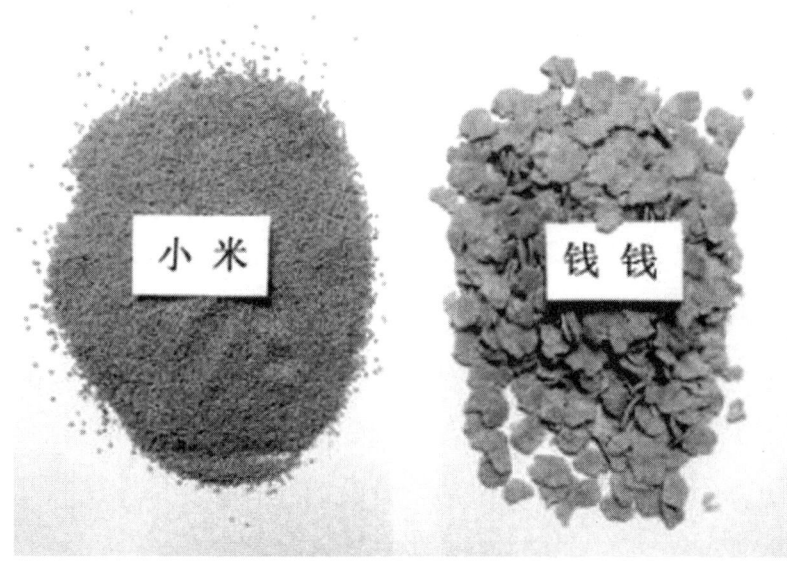

写到这儿的时候，我突然想起有关资料中讲到胡宗南进占延安后的一件事。中共中央撤离延安后，蒋介石以一个占领者的

姿态来到延安。在枣园,蒋介石参观了毛泽东曾经居住过的那孔窑洞,他与当地农民的窑洞没什么区别,门窗是没有油漆过的木头做的,窑洞内墙面剥落,靠窗的那张榆木桌的桌面坑洼不平,简陋的床也是榆木钉起来的。窑洞外面的院子里有棵树,树下有个石凳,还有架纺线的纺车。随从告诉他,周恩来、朱德和刘少奇住的窑洞,无论是外观还是内设都和这儿一样。面对破败的延安小城和这些近乎原始的窑洞,蒋介石感到十分震惊。是的,延安的艰苦蒋介石是想象不到的。

中央后委在临县的条件何尝不是这样。他们面对的不仅是艰苦的环境,有时甚至面对的是食不果腹的生活。但他们以一种超乎想象的精神和意志,胸怀全局,心系人民,艰苦奋斗,甘于奉献,战胜了艰难困苦,迎来了胜利的曙光。

如果说世界上真正存在无价之宝,那它最应该是指人类创造的精神财富。一个前进的时代,总有一种奋发向上的精神,一个发展的民族,总有一种积极进取的意志。我们今天所称颂的包括"延安精神"、"晋绥精神"在内的"红色精神",它是中国共产党在不同历史时期的实践中发挥着先导作用,并在实践的冶炼中得到升华的一种崇高精神,它是中国共产党的生命之源、动力之源,它是中国共产党带领中国人民,在内忧外患的多重压力下突破险境,绝处逢生,在道道关隘和重重考验面前迎难而上,奋斗不息,渡过一个又一个坎坷,取得一个又一个胜利的法宝。

中央后委及所属单位主要工作表

乡镇	村庄	单位	主要工作
三交镇	双塔村	后委机关、中央办公厅（秘书处）	统筹中央后方工作，为中央前委提供作战、通信、情报保障，指导外事、城工、统战和军需等工作。
		中央军委作战部	主持中央军委日常参谋业务工作，为转战陕北的中央前委和毛泽东指挥作战服务。
		中央军委第一局	承办作战业务。起草作战文电，传达命令指示。承担上情下达，下情上传任务。
		中共中央外事组	翻译毛泽东文选，编译有关党的土地政策和解放区文化等材料；研究国际形势，编写有关参考资料；编发和油印新闻材料；研究对外政策，为将来开展外交工作准备材料。
		中央特别会计室	掌管中共中央特别经费的收支和珍贵财物。
	泉王村、杜家圪垛村、胡公村	中央军委第二局	负责技术侦查情报工作。开展无线电信号侦查、监听，密码破译。
	孙家沟村	中央军委第三局、中央机要处	为中央前委提供无线电报收发和转报。开设固定的集中发信台、收信台，负责同各大战略区、各中央分局战略台、中共党台和中共地下党秘密电台的通信联络和机要工作。
	崔家坪村	交际处	负责外来宾客接待、食宿安排。接待原则：来则欢迎，去则欢送，再来再欢迎。
	武家沟村	中央宣传部	主管意识形态工作。指导党内理论研究学习和宣传，主管广播电台、党报党刊和新华通讯社等新闻单位工作。
		中央妇委会	开展妇女解放运动工作，代表和维护妇女的权益，动员妇女参加革命。

续表

乡镇	村庄	单位	主要工作
三交镇	东王家沟村	中央后委发电站	发电,供中央军委第三局电台用电。
	中庄村	军工九厂	主要是总装各种型号的炮弹和手榴弹。
	枣洼沟村	洛杉矶幼儿园	管理照看幼儿。洛杉矶幼儿园由延安转移而来,共90名儿童。
	薛家坪村、任家坪村	中央供给部	承担中共中央和中央军委的军需物品保障任务。管理纺织厂和被服厂。负责加工军用衣、帽、鞋、被等;负责中央后委的特殊生活补贴以及物资管理。
	义圪垛村	中央青年党校	组织青年干部培训和管理。
	刘王沟村	中央社会部、中央情报部	中共中央情报保卫机构,两部合署办公,工作各有侧重:中央社会部负责保卫工作,中央情报部负责情报工作。
	胡公村、西街村	中央军委后勤部及家属	人员居住。
	曹家峁村	中央机关及家属	人员居住
	正坡村	中央后委部队	人员居住
	泉王村、西王家沟村	中央城市工作部	主要指导城市政策和工人运动工作;负责国民党统治区地下党工作;开展统一战线工作。
	西坡村	中央军委总卫生部、保育院	总卫生部负责医院管理,保育院负责幼儿园和保育学校管理。

续表

乡镇	村庄	单位	主要工作
碛口镇	高家坪村	纺织厂、陕甘宁边区政府后方机关及其人员	纺织厂主要纺织白布,编织毛巾;陕甘宁边区后方人员居住和办公。
	白家塔村	中央和平医院	伤病员救治、休养。
	冯家会村	被服厂	主要制作服装、被褥、鞋、帽。所产被服保证军需供应,支援陕甘宁边区。
	寨则山村	中央领导及其家属	1948年3月23日,毛泽东、周恩来、任弼时东渡黄河,在山西省临县碛口镇高家塔村登岸,夜宿于寨则山村。
	寨则坪村	军工十厂	机械修理;生产马鞍等骑兵装备装具。
	樊家沟村	兵工修理厂、纺织厂	主要修理枪、炮。纺织厂主要是织布,供缝制军用被装。
	西湾村	纺织二厂	主要是用手动织布机生产"双狮"牌土布,宽60公分,为当时的名牌产品。
	垣上村	毛巾厂	主要生产"白羊肚"毛巾。
	尧昌里村	被服厂	主要制造药用纱布,缝制服装、被褥、鞋,产品供应前线。
	刘家岭村	中央保育学校	专门为稍大些的中央机关子弟上课学习,同时学校也是孩子们晚上的住宿处。
	索达干村	皮革厂	熟制牛皮、羊皮、骡驴马皮。

续表

乡镇	村庄	单位	主要工作
安业乡	青塘村	西北野战医院、中央后委人员及家属	伤病员救治、休养；部队及家属居住。
大禹乡	歧道村	中央警卫团	部队居住
林家坪镇	薛家圪台	军工四厂	主要生产硝化棉发射药和硝化甘油炸药，总装手榴弹，月产炸药近万斤，手榴弹2万多枚。
	林家坪村	晋绥工业部	管理军工企业，领导军工生产
	郝家塔村	肥皂厂	制造肥皂。
	南圪垛村	中共西北局、西北部队后方留守处	办公和人员居住。
	沙垣村	陕甘宁晋绥联防军司令部	
	张家沟村、光明村	军工二厂	主要复装与生产子弹、雷管和掷弹筒。同时，加工"八二"、"一二〇"迫击炮弹和"七五"山炮弹。
招贤镇	水源村	军工七厂	主要任务是铸造各种型号的枪炮弹壳。
临泉镇	都督村	续范亭	疗伤养病。
		印钞所、第2旅纺织厂	印钞所主要是印制西北农民币；纺织厂主要是纺织宽60公分的标准土布。
	后甘泉村	中央法律问题研究委员会	起草全国宪法及研究新民主主义的法律理论。
	后月镜村	新华通讯社	人员居住和办公。

续表

乡镇	村庄	单位	主要工作
白文镇	郝家坡村	土改试点	1947年3月,康生、陈伯达带领中央土改工作团来到郝家坡村,进行土地改革试点。
	南庄村	土改工作队	人员居住。
青凉寺乡	梁家会村	中央医院	管理各医疗所,救治重伤病员。
	下白塔村	中央医院第一医疗所	伤病员救治、休养。
	寺沟村(民乐村)	中央医院第二医疗所	
	青凉寺村	中央医院第三医疗所	

中央后委及所属单位驻地分布图

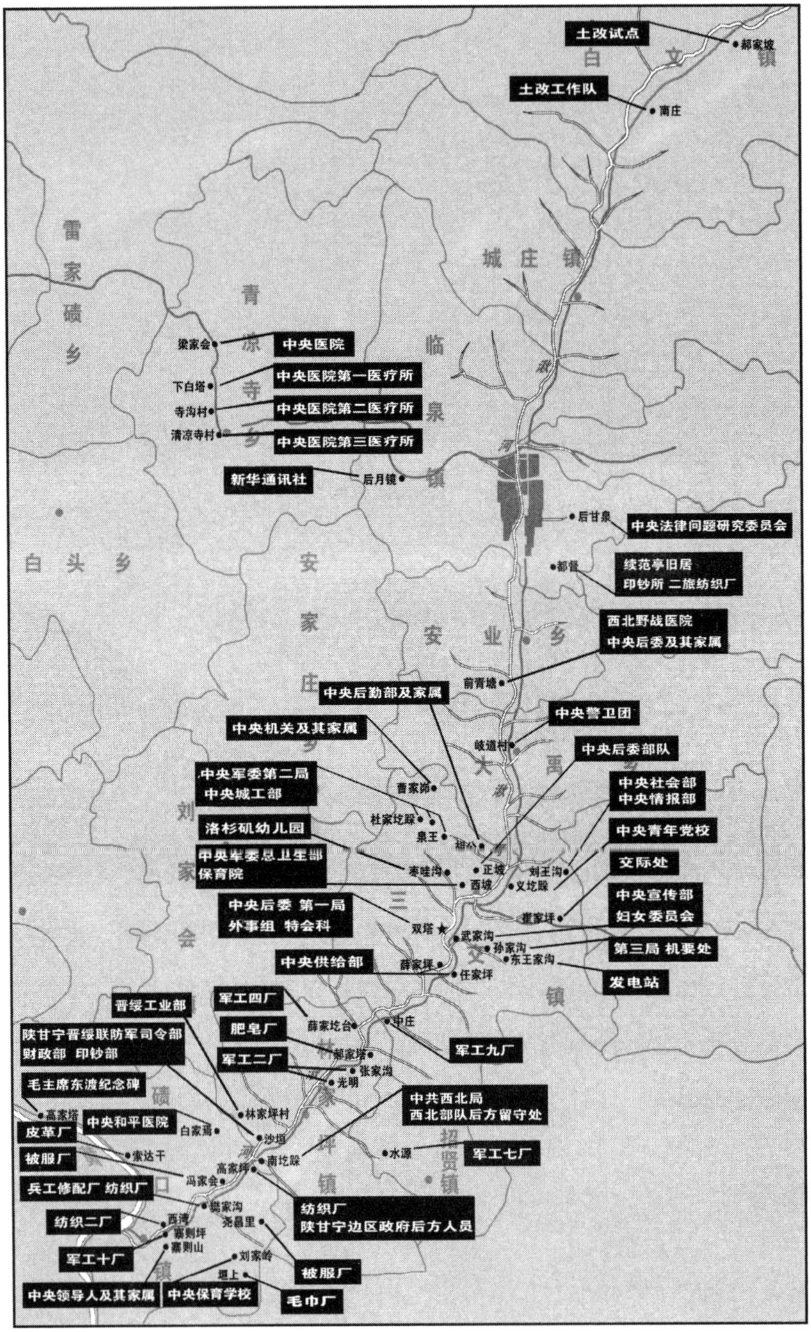

> 中央后委及所属单位住所实景照

这组反映中央后委及所属单位住所的实景照片，是作者在实地采访时拍摄的。之所以编辑于此，主要是"以照为证"，让读者对中央后委转移临县后的居住情况有一个直观的了解。这些古朴、考究的宅院，大都始建于明清时期，原属村里的大户人家，土改时分给了无房户。由于历经百年的风雨侵蚀，大部分坍塌破损。欣慰的是临县人民政府正在有计划地进行修缮维护，相信不久就会以全新的面貌公示于众。

三交镇双塔村魁星楼 中央后委、中央办公厅（秘书处）作战部、第一局、外事组、特会室

三交镇任家坪村(中)
薛家坪村(下)
中央供给部

三交镇崔家坪村 中央交际处

三交镇杜家圪垛村 中央军委第二局

三交镇西坡村 中央军委总卫生部

三交镇义圪垛村 中央青年党校

三交镇西王家沟村 中央城工部

三交镇东王家沟村 发电厂

三交镇西坡村　保育院

三交镇正坡村
中央后委部队

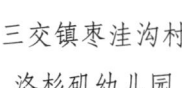

三交镇枣洼沟村
洛杉矶幼儿园

中央宣传部、妇委会
三交镇武家沟村

中央机要处
中央军委第三局
三交镇孙家沟村

中央机关及家属驻地
三交镇曹家峁村

三交镇中庄村 军工九厂

碛口镇寨则坪村 军工十厂

碛口镇冯家会村 被服厂

碛口镇西湾村 纺织二厂

碛口镇垣上村 毛巾厂

碛口镇高家坪村
纺织厂

碛口镇尧昌里村
被服厂

碛口镇刘家会村　中央保育学校

碛口镇高家坪村 林伯渠旧居

碛口镇高家坪村
陕甘宁边区政府后方机关及人员

碛口镇索达干村 皮革厂

中央领导及家属 碛口镇寨则山村

碛口镇白家墕村 中央和平医院

兵工修理厂、纺织厂 碛口镇樊家沟村

大禹乡岐道村 中央警卫团

林家坪镇郝家塔村 肥皂厂

林家坪镇林家坪村 晋绥工业部

林家坪镇光明村（张家沟村） 军工二厂

林家坪镇薛家圪台村 军工四厂

林家坪镇南圪垛村 习仲勋旧居

林家坪镇南圪垛村 中共西北局、西北部队后方留守处

贺龙旧居 林家坪镇沙垣村

陕甘宁晋绥联防军旧址 林家坪镇沙垣村

林家坪镇沙垣村 陕甘宁晋绥联防军司令部

临泉镇后甘泉村 法委会

临泉镇后月镜村 新华通讯社

临泉镇都督村 第二纺织厂

临泉镇都督村 印钞厂

西北野战医院、中央后委家属
安业乡青塘村

土改工作队旧址
白文镇南庄村

青凉寺乡梁家会村 中央医院

青凉寺乡下白塔村 中央医院第一医疗所

青凉寺乡寺沟村（民乐村）
中央医院第二医疗所

青凉寺乡青凉寺村　中央医院第三医疗所

> ## 主要参考书目

1.《十年纪实——毛泽东在延安（1937至1947）》，刘益涛著，中共党史出版社出版，2007年4月第1版。

2.《在周恩来身边四十年》（上），童小鹏著，中国出版集团公司华文出版社出版，2015年2月第1版。

3.《习仲勋在临县》，临县史志办公室编著。

4.《中国共产党历史》第一卷（下册），中共中央党史研究室著，中共党史出版社出版，2011年1月第2版。

5.《中国人民解放军军史》第三卷，中国人民解放军军史编写组编，军事科学出版社出版，2001年6月北京第1版。

6.《叶剑英传》，叶剑英传编写组著，当代中国出版社出版，2006年11月第2版。

7.《叶剑英年谱》,军事科学院编,中国文献出版社出版,2007年4月第1版。

8.《叶剑英在关键时刻》,范硕著,辽宁人民出版社出版,2011年1月第3版。

9.《杨尚昆回忆录》,杨尚昆著,中央文献出版社出版,2007年7月第2版。

10.《杨尚昆年谱》,中共中央党史研究室编,中共党史出版社出版,2007年7月第1版。

11.《贺龙传》,贺龙传编写组著,当代中国出版社出版,2015年7月第3版。

12.《贺龙年谱》,李烈主编,人民出版社出版,1996年2月第1版。

13.《贺龙元帅》,刘秉荣著,解放军文艺出版社出版,2007年1月第2版。

14.《任弼时传》,章学新主编,中央文献出版社出版,2014年4月第2版。

15.《任弼时年谱》,中共中央文献研究室编,中央文献出版社出版,2014年4月第2版。

16.《李克农传》,徐林祥、朱玉著,安徽人民出版社出版。

17.《李克农》,开诚著,中国友谊出版公司出版,2012年1月第2版。

18.《开国上将李涛》,刘庆方著,解放军艺术出版社出版,2006年5月第1版。

19.《中国人民解放军高级将领传》第八卷,解放军出版社出

版,2007年8月第1版。

20.《中国人民解放军高级将领传》第十三卷,解放军出版社出版,2013年8月第1版。

21.《回忆与研究》(上、下),李维汉著,中共党史出版社出版,2013年3月第1版。

22.《中国共产党历史上的1000个为什么》(上、下),本书编写组著,中共党史出版社出版,2006年9月第1版。

23.《功勋卓著的元帅》,王幸生著,中共党史出版社出版,2007年7月第1版。

24.《红色精神》,刘金田主编,湖南教育出版社出版,2011年4月第1版。

25.《中共重要会议会址考察记》,杨庆旺著,中共党史出版社出版,2012年9月第1版。

26.《情报学概论》,罗青长著,时事出版社出版,2007年9月第1版。

27.《军事情报学》,闫晋中著,时事出版社出版,2003年8月第1版。

28.《中国秘密战——中共情报保卫工作纪实》,郝在今著,金城出版社出版,2015年1月第2版。

29.《红色中枢》,孟庆春、陈冠任著,中共党史出版社出版,2012年8月第1版。

30.《红色临县》,王洪廷、张海红主编,临县史志办公室编著,2012年6月第1版。

31.《临县党史丛书》,临县史志办公室编著。

32.《临县史志》,临县史志办公室编著。

33.《中共 1937 至 1947 延安秘事》(下),梅剑主编,红旗出版社出版,1996 年版。

34.《中国人民解放军大事记(1927 至 1982)》,军事科学院编,军事科学出版社出版,1983 年 11 月第 1 版。

35.《开国第一任部长》,宋国涛著,人民日报出版社编著,2013 年 6 月第一版。

36.《隐蔽战线史话》,李凯主编,国家安全部政治部编著。

> # 后记

中央后委在临县的这段历史,还是我到吕梁军分区任职以后才知道的。当时我就想,中央后委是干什么的?为什么要驻扎在临县?在临县期间做了些什么工作?带着这些问题,我实地走访了双塔村,从老乡们的讲述中了解了一些情况。也就是从那时起,我萌发了想把这段历史写出来的想法。

于是,我开始注意查找和搜集这方面的资料。但当时中央后委在临县的活动都是绝密的,保存下来的资料几乎没有。我采取以人找事、以事索事的办法来梳理。比如,我阅读了《叶剑英传》《叶剑英年谱》和《杨尚昆回忆录》《杨尚昆年谱》,两位首长在书中都对中央后委在临县的这段历史有所回忆和讲述;再比如,我翻阅了《中国共产党历史》和《中国人民解放军军史》,阅读了《李克农传》《李涛传》等书籍,从这些史料和书籍中了解了中央后委的许多情况。其他史料的收集也是如此。特别是临县党史办提供的《红色临县》《临县史志(四册)》以及《临县党史丛书》,使我获益匪浅,其中有关中央后委的史料和图片已经吸纳到本书中,在此表示感谢。

为了使中央后委在临县的这段历史客观真实地展现在读者面前,我还到中共党史出版社、军事科学院和国防大学图书馆查阅资料。引用的这些史料,原想在文中标注出来。但考虑到文章的整体性和阅读的方便性,我将参阅的资料和书目一一列出,一来表明史料的来源,二来也是对此负责。不妥之处,敬请谅解。本书中出现的时间、地点、人物和事件,都能在这些资料和书籍中找得到。我只不过是把散记在这些资料和书籍中的史实找了出来,串了起来,使读者能够对中央后委在临县的这段历史有个系统完整的了解。如能达到这个目的,我则心意足慰。

本书按中央后委转移临县的时间节点和工作任务,分为19个小节。撤离延安、转移晋绥、建立后委、安营三交、运筹双塔这5节,主要讲述中央后委转移和建立以及驻扎三交的背景及经过;保障通信、传送情报、侦听电信、交流战法、组织外事、筹谋统战、保护党费、统筹支前、土改纠偏、军工制造、伟人足迹、惜别临县这12节,主要讲述中央后委在临县的工作和任务情况;湫河记忆、不朽精神这两节,主要讲述中央后委和临县人民结成的军民鱼水深情。

本书在拟稿和走访考察过程中,得到很多相关部门和同志的热情帮助和大力支持。国防大学战略研究所王宝付教授、中共

山西省委党史办公室郭秀翔研究员，对本书进行了认真审读，提出了很多指导性意见。中共临县县委党史办公室主任张海红，亲自陪同我到中央后委驻地考察，提供了资料，审阅了书稿；山西省军区军史志办公室主任范志成，在审阅书稿过程中，提了很多宝贵意见；山西吕梁山革命博物馆馆长高宇峰，是个军工爱好者，收集了很多有关西北军工的资料和实物，书中反映军工制造的实物照片就是他提供的。特别是我的战友、山西省军区政治部录像室原主任郭健，亲自为书中照片进行修饰、编辑，还精心绘制了插图。山西省军区司令部装备处张强为本书打印、校对，付出了辛苦。在此，我一并表示衷心的感谢。

由于自己认知水平和理论研究能力有限，资料的收集还不够充分，史实的挖掘还不够全面，不足和舛误之处，恳请读者提出宝贵意见。

随着研究的深入，中央后委在临县的这段历史会更多公示于众，届时再做充实完善。我予期待。

作　者

2016年6月